浙江省哲学社会科学重点研究基地（浙江省民国浙江史研究中心）
课题成果（11JDMG02YB）

浙江省民国浙江史研究中心资助

孙传芳
与浙江自治运动

傅幼玲◎著

中国社会科学出版社

图书在版编目（CIP）数据

孙传芳与浙江自治运动／傅幼玲著 . —北京：中国社会科学
出版社，2016.4
ISBN 978 - 7 - 5161 - 7719 - 8

Ⅰ.①孙… Ⅱ.①傅… Ⅲ.①孙传芳(1885～1935)—人物研究
②浙江省—地方史—研究—近代 Ⅳ.①K827 = 6 ②K295.5

中国版本图书馆 CIP 数据核字(2016)第 041246 号

出 版 人	赵剑英
责任编辑	李炳青
责任校对	周　昊
责任印制	李寡寡

出　　　版	中国社会科学出版社
社　　　址	北京鼓楼西大街甲 158 号
邮　　　编	100720
网　　　址	http://www.csspw.cn
发 行 部	010 - 84083685
门 市 部	010 - 84029450
经　　　销	新华书店及其他书店

印　　　刷	北京金瀑印刷有限公司
装　　　订	廊坊市广阳区广增装订厂
版　　　次	2016 年 4 月第 1 版
印　　　次	2016 年 4 月第 1 次印刷

开　　　本	880 × 1230　1/32
印　　　张	5.875
插　　　页	2
字　　　数	151 千字
定　　　价	28.00 元

目　　录

前　　言

　　20 世纪 20 年代，北洋军阀集团分裂后，军阀各派系为了争夺地盘和政权，混战不已，使人民处于战乱的水深火热之中。于是，社会上的有识之士高呼西方的联邦制，希望通过各省自治达到摆脱军阀割据、统一全国和实现民主宪政的双重目的。于是，从 1920 年开始，要求废除督军、民选省长、本省人治理本省的自治潮流应运而生，当时称之为联省自治运动。浙江自治运动是全国自治运动的重要组成部分，它呈现出时间长、过程曲折、思想鼓吹与政治实践并行、地方政府与民间人士共同参与等特点。

　　浙江省自治运动兴起于 1920 年，当年浙省各地士绅纷纷致电、致函省长："请求举办自治。"省外浙人也纷纷成立团体，如 1920 年 10 月，旅京浙人在北京组成了"自治运动同志会"，接着，旅沪浙人也成立了"旅沪浙人自治协会"。这些组织都以"促进自治"为宗旨，从事宣传、鼓动工作。1920 年 7 月直皖战争后，湖南督军谭延闿为避免卷入南北战争向全国发出了"祃电"，宣布自治，湖南的自治运动首先开展，浙江的自治运动紧随其后。1921 年 6 月 4 日，浙江督军卢永祥发表了著名的"豪电"，公开支持浙江的自治运动。

卢电得到了浙籍士绅的响应，并推动了浙江省宪自治运动的急速发展。1921 年 9 月 7 日，省宪法会议一致通过了《中华民国浙江省宪法》及《中华民国浙江省宪法施行法》，因为这部宪法是在 9 月 9 日正式对外公布的，所以被称为"九九宪法"。但九九宪法刚公布，卢永祥就因宪法条款对其实行独裁专制碍手碍脚，宣布"九九宪法"不能代表民意，拒不付诸实施。省长沈金鉴不顾各界的强烈反对，严令省议会限期进行第三届省议员选举，其目的就是要废除"九九宪法"，重新制定一部符合他们心意的省宪法。

1921 年 10 月，第三届省议会产生。新的省议会制定通过了《浙江省制宪组织法》，它强调草案由全民提出，最终由全民公决决定并以浙江全民名义公布，因而被称为"全民制宪"。《浙江省制宪组织法》公布后，通知各县广泛征求对宪法草案的意见。全省反应热烈，各县分头起草，在规定的时间内，省议会宪草委员会陆续收到宪法草案共 100 部，在宪草上署名参加制宪的达 1.5 万余人。11 月 4 日，宪草审查会正式成立，其任务是对 101 部宪草按三大类进行整理。1923 年 1 月 26 日，三种宪草全部通过，分别用红、黄、白三种颜色刊印，故称"三色宪草"。对于再次高涨的省宪自治运动，卢永祥及新任省长张载阳以拒拨经费来阻止省宪的施行，使浙江自治运动成为泡影。但浙江自治派仍然前仆后继地在军阀武力的阴影下坚持立宪自治的道路。

在 1924 至 1926 年浙江自治运动演进的过程中，孙传芳充当了一个既支持又反对的角色。1925 年 7 月 9 日，在孙传芳的支持下，浙江省自治法会议制定并通过《浙江自治法》。1926 年 1 月 1 日，自治法会议对外公布了浙江自治法。1926 年 12 月 14 日，在孙传芳的默许下，浙江自治派成立了浙江省自治政府并制定了《浙江省政府组织大纲》。浙江自治运动达到了高潮。1926 年 12 月下旬，孙传芳密电联军第三方面军司令孟昭月严厉镇压浙江的自治派。12 月 18 日，孟昭月率军占领杭州，将浙江的自治派一网打尽。在军阀的武力干涉下，声势浩大的浙江的自治运动被迫偃旗息鼓。

绪　　论

一　问题的提出

　　20世纪20年代，出现了中国的联省自治运动，在1923年，当时的民国政府出台了《中华民国宪法》，这是孙中山反对帝制，尝试建立现代联邦制度的现代化政治变迁。这一运动最终未能推广，这改变了中国的历史进程，其对中国政治发展有什么教训和借鉴，是本书的宗旨和目的所在。而孙传芳这一历史人物，在面对这一现代化政治变迁时，其对浙江省自治运动的做法，起到了关键性作用。对于他是否真心支持现代联邦制度，他对某些自治力量的镇压，这些是本书重点关注之处。1920—1926年，在中国大地爆发了联省自治运动。它开始于湖南，后延伸到江苏、江西、福建、广东、广西、福建和四川等十多个省。浙江在全国的自治运动中首当其冲，具有举足轻重的地位。过去学界对浙江省自治运动多有研究。但大多数学者集中于自治运动的前期（1920—1923年），且主要侧重于自治运动开展的缘由、始末及失败的原因分析，而对后期孙传芳统治时期（1924—1926年）的浙江自治运动的研究相对薄弱。学界对参与浙江省自治运动中各个阶级、阶层，尤其是商人、知识分子关注较多，但对浙江省军阀在自治运动中扮演的角色及表现有所忽略。本书即以浙江自治运动的后期（1924—1926 年）为时间段，以军阀孙传芳为中心，研究军阀在自治运动中所扮演的角色以及所起的作用，以期找出浙江自治运动的失败原因。

二　研究动态

浙江省自治运动是全国自治运动的重要组成部分，因此是学界研究的重点课题。

学者们围绕着浙江自治运动开展的原因、性质及失败的根源展开讨论。专家们见仁见智，提出许多新颖而独到的见解，极大地推动了自治问题的深入研究。关于浙江省自治运动兴起的原因，林孝文在《浙江省宪研究》一文中提出："浙江制宪的原因表现为三个方面。一是浙江现代省制的建立。在清末省制改革中，设立了咨议局和司法机关等制度，形成了浙江现代省制的雏形。杭州光复后，成立了以汤寿潜为都督的浙江军政府，制定了《浙江省约法》，并且设立了临时省议会，虽然后来浙江政局动荡不定，但清末民初建立的省制基本维持不变。这为后来的省宪运动提供了制度基础。二是联邦思想在浙江得到较为广泛的传播。浙省较早地接触到西方的政制和文化，产生了一批具有新思想的浙人，近代浙江大量出版西方报刊，极力鼓吹西方政制，传播自治思想，为浙省自治运动提供了思想基础。三是浙省自清末以来，省域主义势力开始膨胀。在近代，浙江工商业发达，省权观念、省籍意识开始出现，形成了强大的省域主义，为浙省自治制宪提供了内在动力。以上三个方面相互联系，共同构成了浙省制宪的前提条件。"① 肖邦齐认为："其动力来自地方。自治主张和省宪草案主要是精英们对当时浙省处境的理性反应，反映了他们试图解决当时一些特定问题的设想。""地方精英或地方自治人士的个人行为都受他们的自治理想的指导。联邦派政治思想的基础是古典西方自由主义的政治观，他们试图建立一种理性合法的宪法体系来限制政府的权力，保护人民的权利。"② 冯筱才认为："省宪运动的发起，由省内外多种因素推动而成。王正廷、褚辅成等旧国会议员既想以此作为实现其政治理念的工具，同时又有以此来对抗当时北京政府的企图，第二届省议员欲借省宪的制定以保持权力的继续。而地方绅商则想以省宪作为摆脱国内政治混乱的影响，获得一个较为安定的事业发展空间，并通过新的制度的设计获得新的利益。""介入省宪运动的利益团体之间的关系十分复杂，既有省内公团的分歧，又有旅外浙人之间的对立（旅沪与旅京）；即使是旅沪浙人，亦不属于一个共同利益体，他们因地域的不同，职业的差异等等，各有派别。"③

　　关于省宪运动的性质，林孝文认为"省宪的实质是在西方联邦思想的影响下解决中央与地方关系中的一种尝试，其制度基础是省制，其动力源自省域主义，其目标是建立一种

---

　　① 林孝文：《浙江省宪研究》，博士学位论文，西南政法大学，2009 年，第 1 页。

　　② 冯筱才：《理想和利益——浙江省宪自治运动新探》，《近代史研究》2001 年第 2 期。

　　③ 同上。

类似于联邦制的统一国家。"① 冯筱才认为："省宪理想是运动参与者追求不同利益目标的工具。"② 陶水木认为，"浙江省宪自治运动是一场资产阶级性质的政治改良运动"。③ 郭剑波指出："民初浙江督抚一系列推进地方自治的措施，在一定程度上可视为政治现代化之举。"④ 王续添认为："民国时期的地方政治意识是在认同国家的前提下，以与中央对立意识为基础，以地方的'自主''自治'意识为核心，本质是地方集团追求自我利益的扩大化和自我政治价值的体现。"⑤

　　关于省宪运动失败的原因，陶水木认为根本原因是"省宪自治，进而实现联省自治的资产阶级改良方案不适合中国的国情。其次，卢永祥口是心非，有法不依。再次，省宪自治派貌合神离，内部纷争。最后，浙江省宪自治运动的破产还与当时中国的政治形势有很大的关系，浙江省宪自治派的'先省后国'论调被国内吴佩孚之流的'先国后省'论调打得粉碎"。⑥ 冯筱才认为浙省宪自治运动之所以失败，是由于"督军、省长、议会地方公团以及旅外浙人团体分沽权力和利益所致。"⑦ 林孝文认为："联省自治与省宪运动是一群缺乏宪法德

　　① 林孝文：《浙江省宪研究》，博士学位论文，西南政法大学，2009 年，第 1 页。

　　② 冯筱才：《理想和利益——浙江省宪自治运动新探》，《近代史研究》2001 年第 2 期。

　　③ 陶水木：《浙江省宪自治运动述论》，《杭州大学学报》1994 年第 2 期。

　　④ 丰萧：《1945—1949 年浙江省嘉兴乡镇自治研究》，博士学位论文，复旦大学，2006 年，第 5 页。

　　⑤ 同上。

　　⑥ 陶水木：《浙江省宪自治运动述论》，《杭州大学学报》1994 年第 2 期。

　　⑦ 冯筱才：《理想和利益——浙江省宪自治运动新探》，《近代史研究》2001 年第 2 期。

行的人运作起来的。督军、省议会、省长、法团以及浙籍社会名流是浙江省宪运动的参与者，围绕着制宪，形成了错综复杂的关系，无论他们之间是对抗、合作还是战争，都无法完成浙江制宪与自治的事业。"① 沈筱敏认为："自治失败主要在于军阀扼杀。众多利益的维度不是削弱而是增加了运动的持久性。"② 陈美祥指出："在浙江地方实力派企图以武力建立自治统治的同时，另一股以浙江绅商及其团体为主的民间势力积极策动，参与东南和平运动和浙江自治运动，最终因双方缺乏共同合作，特别是得不到广大下层人民群众的支持，导致自治运动的失败。"③

以上学者主要集中于浙江自治运动开展的原因、性质及失败的根源进行研究。学界对浙江省军阀在自治运动中的表现和角色有所忽略。本书主要论述了在孙传芳统治江浙期间（1924—1926年），浙江自治运动经历的从高潮到失败跌宕起伏的过程，在这个过程中，军阀孙传芳扮演了一个从支持者到亲手扼杀浙江自治运动的复杂角色。孙传芳之所以支持"自治"，既是为了顺应舆情，获得江浙绅商的好感和支持，得到充足的军费来源，从而巩固自己的地盘，也是为了抵制其他军事力量的武力"侵入"。当浙江自治派宣布独立，脱离他的统治时，对他的统治利益构成了威胁，他就露出了军阀狰狞的面目，向自治派挥起了屠刀。

① 林孝文：《浙江省宪研究》，博士学位论文，西南政法大学，2009年，第1页。
② 沈筱敏：《也谈浙江省自治运动》，《史学月刊》2003年第10期。
③ 陈美祥：《北伐战争时期的浙江自治运动》，《史学月刊》2003年第10期。

三　本书框架

　　20 世纪 20 年代中国部分省区的自治运动，是在西方联邦思想的影响下，对解决中央与地方关系的尝试，是近代中国民主宪政思想实践的第一步。而浙江省自治运动又是全国自治运动的中的重要组成部分。但是学界对于浙江自治运动的研究主要集中于前期阶段（1920—1923 年），而对后期孙传芳统治时期（1924—1926 年）的浙江自治运动的研究相对薄弱。

　　因此，本书第一章从 1924 年孙传芳入浙开始，着重介绍孙传芳的自治思想，同时比较孙传芳与联邦派自治思想的异同。

　　第二章着重介绍 1924 年孙传芳镇压宁波自治军的缘由、始末和江浙的驱孙自治运动。

　　第三章重点介绍孙传芳与浙江省自治运动的演进。本章以翔实的史料为依据，重点梳理军阀孙传芳在浙江省自治运动中的表现和行为。由表及里地深入分析孙传芳参与自治运动的动机和作用。

　　第四章着重分析浙江省自治运动失败的原因。其实，浙江省自治运动失败的原因很复杂，其中既有军阀的武力镇压，也有参与自治活动的浙江各界名流如省议会、各法团以及旅外浙籍团体相互之间争权夺利，内部纷争，没有形成合力，因而导致浙江自治运动的流产。但是根本原因还在于军阀的扼杀。因此在军阀军事专制统治的高压环境之下，要想实现民主宪政，无疑是与虎谋皮，火中取栗，根本不可能实现。

　　第五章着重分析孙传芳对浙江自治运动的影响。作者认为孙传芳在统治浙江期间，浙江的自治运动再度趋向高潮，但是孙传芳的军事镇压导致浙江自治的失败。浙江自治失败后江浙人民的反军阀争民主斗争进入更高阶段。

第一章

孙传芳的自治思想

一　孙传芳占领浙江

孙传芳在北洋军阀集团中是一位不容小觑的直系后起之秀，文直公先生曾说："孙传芳为北洋后起军阀之最狡诈且有机警纵横之才者。"①

孙传芳，字馨远，1885 年 3 月 1 日出生于山东泰安县一个农民家庭，祖上世代务农。孙传芳幼年丧父，其母拖着幼小的四个子女过着颠沛流离的生活。后来孙母无力养活四个子女，不得不投奔其婶母就活，但是婶母待人刻薄，孙家母子受婶母虐待，不能共处。孙母被迫偕同子女四人去济南谋生。后来，年满 18 岁的大姐，嫁给了商河一富人程云熙做小妾，二姐也嫁给了山东历城一逯姓人家做小妾。剩下的母子三人到处奔波，寄食于出嫁的两个姐姐家。后来孙的三姐嫁给了袁世凯的一个部将、时任山东武卫右军执法营务处总办的王英楷做二房，至此，孙家母子得以在王家栖身，孙传芳随王家子弟读书，当时孙传芳 15 岁。孙传芳从幼年到少年，饱尝了寄人篱

---

① 章伯锋：《北洋军阀》第一册，武汉出版社 1990 年版，第 324 页。

下的滋味。颠沛流离的生活在他的身上打下了深刻的烙印。以至于他对社会中人与人之间的不平等有着极为强烈的认识，并由此形成了他的人生观和奋斗目标。他说："今日中国只有两种人，一种是压迫人的，一种是被压迫的，没有第三种人。我不能去当被压迫的。"[①] 于是，他为了能做"压迫人的"人上人，开始了他的奋斗。

1902年，孙传芳年满17岁，他决定弃文从武。后经姐夫王英楷介绍，于这年8月份到保定东关外的陆军练官营当了一名学兵，从此开始了他的戎马生涯。1903年初，由于孙传芳在练官营学习成绩优异，在冯国璋的举荐下，得以免试进入北洋速成武备学堂学习。1904年夏，恰逢清政府北京练兵处考选陆军学生派往日本留学，孙传芳又以优异的成绩考取日本官费留学生。1909年，孙传芳从日本士官学校毕业后，被派往北洋陆军第二镇第三协步队第五标任教练官，当时，第三协协统为王占元。王与孙都是山东人，有同乡之谊，加之孙与王英楷的特殊关系，王占元对孙传芳便格外关照，希望以后依为臂膀。从此，孙传芳一直追随王占元，南征北讨，屡建战功，由此步步升迁。1916年，王占元任湖北督军，次年提拔孙传芳为步兵第三旅旅长。1921年，湘鄂战争爆发，王占元在吴佩孚直系的打击下被迫下台，离开湖北。王占元下台后，孙传芳没有了靠山，只得改换门庭，转而向直系最有实力的吴佩孚靠拢，结为奥援。1921年8月28日，北京政府任命孙传芳为第十八师师长。不久，吴佩孚又补给孙传芳30万元军饷，嗣后，吴、孙两人结为拜把子

---

① 杨文恺：《孙传芳的一生》，文斐编《北洋三雄》，中国文史出版社2012年版，148页。

兄弟。

　　尽管孙传芳在直系军阀中崭露头角,在全国也逐渐有了一些名气。但是美中不足的是,他还没有一块赖为依托的地盘。对军阀来讲,军队、地盘和政权是命根子。三者缺一不可。孙传芳自成军之后,日夜思谋着得到一块赖为衣食的地盘。他如饥似渴地等待着,终于等来了机会。1923年,直系军阀通过直皖战争和第一次直奉战争,获取了中原和长江中下游等地盘,同年,孙传芳奉曹锟之命,率两个师顺利地开进了福建,并用计驱逐了福建军务帮办王永泉的势力。1923年3月,孙传芳被任命为"福建军务督理"。但好景不长,他与当时驻福建的第十二师师长周荫人之间起了冲突。由于周荫人掌握重兵,与自己的力量不相上下,周的部属李生春担任福州消防司令,其所属第二十三旅也一直驻防福州,把持着省城的控制权。同时周荫人还是孙传芳日本留学时的同窗好友。为了不与周荫人拼个鱼死网破,孙传芳决定让出地盘,主动向外发展。这次孙瞄准的地盘是江南最富庶的地段——浙江。早在1923年入闽前,孙传芳就曾专程自九江秘密到南京,与江苏督军齐燮元达成了夹击浙江卢永祥的协议。孙传芳一心想向江西、浙江发展,但苦于时机尚未成熟。1924年,齐燮元与卢永祥之间爆发的江浙战争,给了他千载难逢的时机。

　　浙江督理卢永祥,乃皖系段祺瑞的部将,与直系的齐燮元素来不睦。当齐燮元被任命为苏皖赣巡阅使后,便一心想要将卢永祥的势力逐出上海。卢永祥对齐燮元也不甘示弱,大肆扩军。当王永泉的旧部退入江苏后,他即收编了王永泉的部属臧致平、杨化昭的残部。卢的举动正好给了孙传芳和齐燮元联合进攻卢永祥的借口。1924年8月,齐燮元以受到卢的威胁为由，电请曹锟、吴佩孚下令讨伐卢永祥，获得曹吴的同意后，齐燮元大举进兵，征伐浙江，江浙战争由此爆发。

9月3日，江苏军阀齐燮元向浙江军阀卢永祥发动猛烈进攻，孙传芳按约由南线攻浙，双方在沪宁路沿线和江浙、浙闽、浙赣等边境地区开始激战，战争初期，浙卢军队和苏齐军队势均力敌，不分上下，双方在江浙展开了拉锯战。而卢永祥的失策在于把大部的军队都放在浙北地区作战，忽略了浙南地区的防御。而孙传芳的闽赣联军就此钻了空子。9月4日，孙传芳命令第十混成旅孟昭月部从浙军防守空虚的浙闽交界处的仙霞岭向浙军发起突袭，浙军虽然顽强抵抗，但架不住内部叛乱。战前孙传芳收买了曾是日本士官学校的同学浙军炮兵团长张国威，孙以高官厚禄使其阵前倒戈，张国威将浙军大炮上的零件卸下，致使仙霞岭的浙军毫无战斗力。而孙军孟昭月部乘机长驱直入，9月10日，孙传芳的三路大军全部进入浙境，孙军所属的第四支队谢鸿勋部当日也攻克了庆元、龙山。而赣军张以来、张庆旭两旅也由江西玉山出发，并于当日攻克常山。嗣后，孙传芳率闽赣联军直逼江山。

江山位于浙、闽、赣三省交界处，其战略地位十分重要。谙熟兵法的孙传芳深知其重要性。因此他故伎重演，用金钱收买了浙军一个团离开江山，使江山守备空虚。9月14日，孙传芳率军强攻，接连攻克江山、衢州。

孙传芳的军队，虽仅为1万余人，且军容不整，个个头戴斗笠，穿着短裤和草鞋。但战斗力极强。因为孙传芳为激励将士，特意编写了一本《入浙手册》，分发给官兵，晓谕他们："我们陆军第二师是被陆军第十二师迫离闽省而向杭州进军的，各官兵要具有有进无退的决心，勇往直前。万一军事失利，想退回福建，势难两容，凛之，勉之。"① 于是，无论行军打仗，还是休息、吃饭，连、营长官都高声朗读这本册子。使孙军皆有"背水一战"之感，打起仗来势不可挡，而且孙军军纪严明，不像其他军阀部队，那样到处烧杀抢掠，胡作非为。"孙氏入浙前，约束士兵，申明军纪，其同来输卒千余人，均在闽境所拉。"② 所以孙传芳的军队进入浙境，横扫千军，如入无人之境。从攻浙到进入省会城市杭州，仅用了二十来天。

就在卢永祥的军队连连失败之时，浙省内部发生变乱。首先是浙江省长辞职，委任浙江警务处长夏超代理。夏超及其部下见风使舵，纷纷投降孙传芳。

最后，卢永祥在腹背受敌、内外交困的情况下，不得不辞去浙江督理职务，离开杭州去了上海。9月17日，北京政府任命孙传芳为浙闽巡阅使兼浙江军务督理。9月22日，又任命夏超为浙江省长。并通电命令夏超、周凤岐等"即行欢迎孙督共铲卢逆"。③ 25日，孙军进入杭州。孙传芳旋即马不停蹄，挥军直下嘉兴。10月16日，孙传芳以胜利者的姿态赶赴上海。在沪期间，孙传芳抢先收编了卢永祥的旧部浙沪联军夏兆麟的第四师12个营以及第六混成旅全部。到1924年年底，他已拥有三师七旅一混成团，总兵力达五万余人，如果再加上陈仪的浙军一师和周凤岐的浙军三师，孙传

① 何易、潘荣：《五省联帅——孙传芳》，兰州大学出版社1997年版，第69页。
② 《国内要闻》，《申报》1924年9月29日。
③ 章伯锋、荣孟源主编：《甲子内乱始末纪实》，《近代稗海》第5辑，四川人民出版社1985年版，第153页。

芳的兵力可达六七万之多。而且，他还获得了浙闽巡阅使兼浙江督理的高官职务。由是，孙传芳在东南崛起，成为当时举足轻重的实力派人物之一。

二　孙传芳与联邦派的自治思想异同

孙传芳在军阀群体中算是个出类拔萃的人物，不是单纯的武夫。他毕业于北洋武备学堂，后又留学于日本士官学校，他博览群书，经史子集无所不通，传统文化的根底相当深厚。再加上 20 世纪 20 年代，五四新文化运动以来，西学的输入，使孙或多或少地受到西方思潮的影响。但是他和其他的封建军阀一样，严格来说并不具备西方现代政治思想，对于民主政治仅限于一知半解。然而他所处的时代已不是他的前辈所处的封闭环境，他面对的是一个开放的世界和变化了的中国。在那样的时代背景下，他虽然骨子里恪守传统政治文化，更愿意施行独裁统治，但在言辞上不得不稍作变通，动辄以"民意"和"依法治国"等新名词来迷惑百姓，以适应时代的变化。

20 世纪 20 年代，自治从湖南展开，风靡全国十几个省，已然成为一种潮流。自治成为民心所向，孙传芳当然不敢公然违背民意，而且孙传芳还要利用浙江的自治运动，达到自己的政治目的。因此他在各种场合总是高喊支持自治的口号，阐明他的自治主张。他对于省自治或省宪自治自有他的见解。

首先，孙传芳认为中国政治制度的弊端在于人治大过法治，共和国家必须依法治国。孙传芳表示："古人云，人存政举，又云有治法贵有治人，共和国家之命运，全在法治。

人民享有法律上之权利，官吏当与之联洽一气，收互相利赖之益，凡官与民合则治，分则乱，此一定不易之理。"① 孙传芳还十分切中时弊的指出："民国十四年来，国家受病之源，即一般当道对于国家法律，视为与己有利，则赞成而拥护之，无利则反对而破坏之，致酿成误国殃民之结果。殊为可痛。"② 孙传芳以上言论，可谓合情合理，从字面上看似乎与联邦派的言论几乎毫无二致。当时全国著名的法学家，浙江自治派的主流代表人物沈钧儒也指出："中国素重人治，专制积习太深。"③ 二人对于中国政治病源的分析，可谓如出一辙。

　　然而孙与沈不同的是，沈钧儒进一步指出：中国之所以会出现人治大过法治，近代以来，军阀拥兵自重，推行武力统一政策是主要根源。"以为有势力则可统一，无势力即无统一，喜以全国之权寄之一人。由此根本一意之错误，故辛亥下半年以后，国人几视袁世凯即中国，卒之以害袁，并以害国。"④ 而孙传芳则绝不承认国家积贫积弱的根源是包括他在内的北洋大大小小军阀们为了争地盘、争权力，相互混战、拥兵争霸导致的。更何况崇尚西方联邦制思想的沈钧儒所强调的省自治，是人民当家做主，是民有、民享、民治。他的自治理念同孙传芳的自治观可谓南辕北辙。孙传芳曾说："我所云之法律，又非其他深奥之法律，即系社会间习

---

① 《五省自治协联会欢迎孙传芳》，《申报》1925 年 12 月 27 日。

② 同上。

③ 沈钧儒：《联省主义与救国》，转引自周天度《沈钧儒文集》，人民出版社 1994 年版，第 96 页。

④ 同上。

惯，能事事公平处理，使人民各得其所，不相争夺是也。"①
所以孙传芳所谓的"法律"，绝非近代意义上的法律。作为
近代意义上的法律，法治不是人治，法律是人民意志的体
现，也是人民应享有的民主权利的保障。人民应享有的权利
不仅包括选举权和被选举权等参与管理政治的权利，而且还
包括言论、集会、结社、出版等项权利。近代的法律是一套
体系，它由一整套制度来规定人们的法律权利与义务。而孙
传芳所谓的法律，只是规定了人民所应遵守的社会一般准
则，绝无权利可言。他的法律，只有单一的绳索功能，除了
让人民循规蹈矩之外，别无他的作用。而且作为军阀的孙传
芳对于西方资产阶级宣传的民主、自由、平等、博爱等理
论，具有与生俱来的反感，他在各种场合演讲时不止一次地
流露出对于新思想、新文化的反感，责怪这些新思想、新文
化毒害了一般青年，腐蚀了社会风气。1926 年 12 月，孙传
芳下令"取缔过激思想之法规，凡宣传无政府主义者，处以
十年以上十五年以下之徒刑，以金钱及权势诱惑他人，使有
过激思想者，处以五年以上十年以下之徒刑"。② 另外，孙传
芳所谓的"人民享有法律的权利"，根本是欺骗百姓的冠冕
堂皇的言论。孙传芳是一个最善用心计的人，自从他掌控一
省或数省的军政大权后，他在各种场合演讲时言必称要遵从
民意。他曾说道："余为军人，不愿侈谈政治，所抱目的，
即本良知良能，运行一切，所谓良知良能者，即本个人良
心，服从民意，凡事属于真正民意，虽一黄包车夫之见识，

---

① 《孙传芳最近之谈话》，《申报》1925 年 12 月 25 日。
② 王建伟：《北伐前后的另一面相：奉、皖等系的"反赤化"宣传》，
《学术月刊》2009 年第 6 期。

亦当依从，余生平事事不怕，所怕者即是老百姓，简单言之，即为安居乐业法律有效八字。"① 在北伐战争时期，为了与孙中山的三民主义相对抗，他抛出了不伦不类的所谓"三爱主义"。"用揭三爱主义，期与国人共相构（商）榷"。即"爱国、爱民、爱敌人"。其主要内容为："一曰爱国，人民为求生存而组织国家，世界未统一以前，各国各有自立之根源，即各有其自救之方策……皮之不存，毛将焉附，故不肯以己殉人，始得为真爱国。二曰爱众，凡属含生负气之伦，皆在民胞物与之列。灾害必求其共避，乐利必求其共享，政治则选贤与能，交际则讲信修睦，不独亲其亲，不独子其子，老有所养，壮有所用，幼有所长，鳏孤独废寡疾皆有所归。此固政治之当然，实乃先圣所垂训，盖国家事，非一人一党所能为，故当泛爱合众，以求多助，不宜分党立异，以自树敌，此为第二义。三曰爱敌，政党政治，观成于英美，流风所被，波及东亚。然政党政治，应以国家为前提，最忌一党之专断，最重各党之互爱，政党之相对虽有政敌之称，而彼此尊重，实有切磋之雅。中国历来具有实力者，但知竞争私利，实无政党可言，而敌对者之互为抵触，各不相容，实为扰乱之重大原因。今若以国家为前提，则权利可以互让，意见可以相容，同兹本根，即可敌可言，自有爱国之可能，此为第三义。"② 孙传芳虽然宣称"爱民众"，可是他反对称他为"人民公仆"。他说："现在做官的自称是人民的公仆，凡是仆人没有一个好东西，不是赚主人的钱，就是勾搭主人的姨太太，我不是公仆，我是民之父母，天下的父母

① 《孙传芳最近之谈话》，《申报》1925 年 12 月 25 日。
② 《孙联帅之三爱主义》，《大浙江报》1926 年 10 月 3 日。

没有不爱子女的，我爱人民如爱赤子，只有这样，才能真正为人民谋福利，做好事"。① 孙传芳一向标榜"爱民如子"，那么他又是如何对待他治下的子民的呢？他推行文化专制主义，剥夺人民的民主自由。1926 年 11 月，他在南京下令宣布戒严，"集会结社，于时机有妨碍者，即时解散，违即逮捕，新闻杂志及图书告白，有妨碍时机者，即时封闭"。② 可见军阀孙传芳所谓的"人民享有法律上之权利"，根本是骗人的鬼话。真正的法律精神，在他的实际行动中，可谓荡然无存，取而代之的是对人民基本法律权利的践踏。

其次，孙传芳主张推行省自治。他认为，中国自古以来的中央集权制度并非尽善尽美，省宪自治或联省自治可弥补中央集权之不足。孙指出："吾国历代相沿，独裁治表面，中央集权，然制度简略，法网甚疏，关外督抚，施行省政，盖多伸缩之余地，故中央集权立提纲之效，而各省亦有发达地方之可能。"③ 因此孙传芳主张在国家大法之外，各省可根据本省的实际情况制定各省的法律。"窃谓中央政府，其要在笼罩全局，基础必须巩固，组织无妨概括，地方行政区域，其性质则与此异，故各省应于根本大法之外，按照历史地理，旧有习惯上，另制单行自治法规，以补根本法之不及，作全国统一之先声，救国良法，殆莫逾此。"④

从上述内容看，孙传芳的"省自治观"似乎与国内的联邦制论者观点大同小异。因为联邦制论者也认为中央集权制

---

① 杨文恺：《孙传芳的一生》，文斐编《北洋三雄》，中国文史出版社 2012 年版，第 272 页。

② 《孙传芳已返宁》，《申报》1926 年 11 月 9 日。

③ 《浙孙复赵湘东电》，《申报》1925 年 4 月 5 日。

④ 同上。

度危害甚大，解决时局的唯一方案是实行省自治。著名的国学大师，也是省自治的积极倡导者和重要参与者章太炎先生在 1920 年 11 月的《联省自治虚置政府议》一文中指出："鄙人则谓频年扰乱，皆中央政府为厉阶，有之不如其无，中国既不能绝对无政府，则当使地方权重而中央权轻，此自治之说所由起也。"① 伟大的资产阶级民主革命家孙中山先生在 1921 年也指出："集权专制为自满清以来之秕政"，而"欲解决中央与地方永久之纠纷，惟有使各省人民完成自治，自订省宪法，自选省长，中央分权于各省……"②

　　但是孙传芳的"省自治观"与联邦制论者的省自治论，有着本质的不同。联邦制论者主张中国从改革政治制度入手，实行行政、立法、司法三权分立，各省拥有治权。联邦制论者所主张的省自治，具体来讲是由中央政府和省的地方政府互相分享权力，建立一种立法权由中央立法机构和组成联邦的各省立法机构分享的立宪政体，最终在省自治的基础上构建起一种复合共和国的联邦制模式，以此实现国家统一、民主宪政的目标。在联邦制的体制内，人民享有各项民主权利。比如章太炎先生就指出："自今以后，各省人民，宜自制省宪法，文武大吏，以及地方军队，并以本省人充之；自县知事以至省长，悉由人民直选；督军则由营长以上各级军官会推。令省长处省城，而督军居要塞，分地而处，则军民两政，自不相牵，此各省自治之大略也。"③ 由上可

①　章太炎：《联省自治虚置政府议》，《益世报》1920 年 11 月 9 日。
②　中国社会科学院近代史所编：《孙中山全集》（第 6 卷），中华书局 1985 年版，第 531 页。
③　章太炎：《联省自治虚置政府议》，《益世报》1920 年 11 月 9 日。

知，章太炎主张由人民自制省宪，人民直选省长，各省事务均由各省负责。而孙传芳的"自治观"，是为了维护他的军阀割据统治，它是在武人割据的现状上加上一层法律保证。孙传芳说："自治范围，有广义狭义之别，广义的自治，除国家行政外，统归地方自治，系各省一律办理，狭义的自治，省自为政，系独立式的自治，与各省不取一致。"① 可见，孙传芳所主张的自治，是"省自为政，系独立式的自治"。他是想以自治为名号，捍卫他的省割据或联省割据，对抗中央的统一。孙传芳作为一省的小军阀，好不容易用武力打下了浙江这一块在全国来说都是数一数二的鱼米之乡、富庶之地，因此他要好好地保有它，时刻警惕自己的地盘不被别的军阀夺去，或被中央政府削夺官职。为了对抗中央，他觉得省自治或联省自治是最冠冕堂皇的理由。孙传芳还提出制定省自治法的原则，应该简便易行，法律条文不应太复杂。他说："弟意名目宜狭义，直名为某省自治法，差包涵过富，易生误解，条文易简单明了，俾其易于执行，若规定繁密，反多窒碍难行之虞。""关于行政方面，尤宜划清界限，俾有从容处理之权，若多钳制，闻其无能者，则一事不办，热心任事者，动摇违法之咎，何以利进行而策久远。总之，立法事业，为百年大计，必须惩前毖后，兼筹并顾，不可存一时对人之见，贻后世无穷之祸。"② 可见孙传芳所谓的省自治法，完全是为自己量身定制的"军阀自治法"。

再次，孙传芳还把民国以来中央政府内部和各省的纷扰权力之争，归咎于采用西方政治制度——内阁制。他说：

---

① 《孙传芳之解释自治》，《申报》1925 年 12 月 15 日。
② 《浙孙复赵湘东电》，《申报》1925 年 4 月 5 日。

"民国成立，胚胎约法，当时开国，众彦多取西法，而于本国政情，大半抛弃。故约法精神，全注重于中央集权，置地方特殊情形于不问，又惧中央权力过大，流于专制，复采用内阁制以限制之，束缚驰骤，无微不至，卒之府院之争，立法与行政争，地方与中央争，始基不慎，流毒至今，良可慨叹。"① 这完全是不懂西方民主共和制度精髓的歪曲事实。民国初始，根据孙中山制定的《临时约法》：大总统和国务院的职权各有分工，大总统的权力除了受国会的制约外，主要受到内阁成员副署规定的限制，其实质是实行责任内阁制。这样一种制度安排体现了三权分立和互相制衡的原则。可惜的是北洋军阀集团统治后，不但破坏了这一民主制度，而且还搞得民国政坛乌烟瘴气，府院之争一而再再而三地上演，成为北京政治的异态。这种政治现状实质上是以段祺瑞为首的北洋皖系集团武力干政的结果，它破坏了《临时约法》规定的责任内阁制，亦即破坏了孙中山为之构建的民主制度。但是孙传芳却把中央政府的政争归咎于责任内阁制，真是不顾事实的颠倒黑白。另外，孙传芳还认为中央与地方争权、各省之间争权夺利、进而演化为战祸，其原因在于国家大法与地方法律的不一致。他说："省自治法，由根本大法而产生，尤应一体相承，力避抵触，否则省法与国法不相容，各省之法又互多抵牾之处，始而省与省相争，继而道与道、县与县亦复群起纷争，先之以口笔，继之以干戈，行见杀人流血之惨祸，相寻不已，呜呼大好家居，可供几毁，黄台之瓜，宁堪多摘，传芳所为早作夜思，耿耿不寐者也。"② 这完

---

① 《浙孙复赵湘东电》，《申报》1925 年 4 月 5 日。

② 同上。

全是风马牛不相及的无稽之谈。民国以来各省之间相互纷争，甚至兵连祸结，其根本原因是由盘踞在各省的北洋大大小小的军阀相互之间割据争权、拥兵争霸导致的，但孙传芳却颠倒黑白地把它归结于国法与省法的不一致，真是荒唐之言论。

最后，孙传芳借用自治派的"自治"言辞，高唱封建制度和封建文化的老调。

孙传芳虽然曾赴日本留学，但满脑子还都是封建思想。他最反感西方的民主理论。他曾说："以中国之法治中国，决不妄牵美国或英国之法治中国。际此乱世，应施行汇政主义。"① 那么，什么是孙传芳的汇政主义呢？他说："前清巡抚即现在之联省制，事实上应予赞同。"② 他认为"顾吾国政治上之设施，每无序次，如司法制，先有大理高等，而初级厅尚付缺如，即如代议制，国会省会实验多年，而县议会成立者寥寥数省，县以下之下级自治，更无论矣。夫自治不外户口、警察、教育、农田水利、道路、土木工程、慈善赈恤诸大端，无一事不从县起点。"③ 原来孙传芳认为的自治，就是前清的巡抚制，孙主张的县自治，不过是县议会监督县行政机关，协助县机关做好户口、警察、教育、农田水利、道路土木工程、慈善赈恤等事业。在孙传芳的字典里，省自治就是沿袭前清的政治制度，根本不包括人民享有的自由、平等等民主权利。所以孙传芳的自治论，是借着"自治"的躯壳，行封建之实。实际上近代所有的军阀都顽固地固守封

① 《孙传芳徐树铮抵通纪》，《申报》1925 年 12 月 23 日。
② 《孙传芳之解释自治》，《申报》1925 年 12 月 15 日。
③ 《县联会代表由杭返沪》，《申报》1925 年 12 月 20 日。

建政治制度和封建政治文化。比如袁世凯有"忠国、爱民、亲上、死长"的精要大义，段祺瑞有"练百万雄兵不如尊圣兴学信仰斯文义节之士"。而孙传芳则顽固地坚持"以礼治本"。1926 年 8 月 6 日，正值"干戈扰攘之秋"，孙传芳禁止妇女穿旗袍和美术学校学生画模特儿。1925 年，上海美术专科学校校长刘海粟采用人体模特儿教学，触动了社会上一些封建顽固派的神经末梢，他们以正统的面貌出现，无端攻击锐意革新的美专校长刘海粟，同年 8 月，江苏省召开大会，通过禁止模特儿的提案。对此，刘海粟致函教育会质询，此案在社会上引起轩然大波，封建顽固势力和新文化派展开了一场激烈的论战。1926 年 5 月，孙传芳闻听此事后，就问上海知县危道丰："什么叫模特儿？"这位知县也是个不学无术的家伙，他回答道："就是光屁股的姑娘！"孙传芳一听如五雷轰顶，大大刺激了他的封建脑瓜子，但他是个狡猾的人，自己不出面处理这件事，而是命令知县危道丰严厉处置。同年 5 月，危知事发出通告，下令上海美术专科学校取消模特儿教学，进而下令关闭美专。刘海粟为此挺身而出，决心为真理而战，为艺术而战。他于 5 月 17 日专函孙传芳，据理力争。刘海粟的信函从艺术的角度论证人体画的必要性和西方各国的审美情趣，但是孙传芳如何能理解这位艺术大师的情怀。他在回复刘海粟的信函中，拼命维护几千年来的封建礼教，同时言辞中充满威胁之语，希望刘海粟知难而退。但是刘海粟毫不退缩，公开在报纸上与孙传芳论战，一篇篇檄文直刺孙的要害。孙传芳看了这篇文章后，恼羞成怒，立刻撕下伪善的面具，对刘海粟发出通缉令，完全表现出其地地道道的军阀面目。孙传芳还反对妇女穿旗袍，认为女人露肩膀，有伤风化。可他的夫人偏偏喜欢穿旗袍，她去灵隐寺烧香拜菩萨时，就堂而皇之穿着旗袍。为此，有人写了一篇题为《孙传芳的两大禁令——旗袍和模特儿》，对孙传芳进行了辛辣的讽刺。文章以调侃讽刺的语气写道："照他的言论，仿佛对上海要进行若干善政，其实一样也没有做到，就和模特过不去，雷厉风行，非将美专封闭不可，以五省总司令赫赫权威，与几个穷苦女子，无力文人刘海粟作对，以虎搏兔，胜之不武……这次刘先生纵然被其征服，封禁模特儿，他的尊夫人援旗袍旧例，给他来个反加提倡，或者以身作则，本身先作个模特，给他一人看不算稀奇，还要供大家鉴赏，嗨，那才好玩得很，看孙大司令还维持旧礼教不？"①

综上所述，孙传芳的"省自治观"与联邦制论者的省自治论，有着本质的区别，联邦制论者主张中国从改革政治制度入手，实行行政、立法、司法三权分立，各省拥有治权。联邦制论者主张的省自治是人民当家做主，是民有、民享，民治。孙传芳所主张的自治，是"省自为政，系独立式的自治"。他是想以自治为名号，捍卫他的省割据或联省割据，对抗中央的统一。而孙传芳所谓的法律，只是规定了人民所应遵守的社会一般准则，绝无民主权力可言。

---

① 辛培林：《军阀列传》，黑龙江人民出版社 1987 年版，第 200 页。

第二章

江浙驱孙自治运动

一　1920—1923 年浙江制宪自治运动的兴起

20 世纪 20 年代，浙江省开展了声势浩大的省自治运动。这一时期的省自治运动既是继承辛亥革命的传统，仿效西方的联邦制，建立地方民主制度的尝试，同时也是浙江人民抵制军阀割据、混战而采取的行动。

浙江省自治运动的兴起开始于 1920 年，当年浙省各地士绅纷纷致电、致函省长："请求举办自治。"省外浙人也纷纷成立团体，运动自治。1920 年 10 月，旅京浙人与苏、湘、鄂等 7 省代表在北京组成了"自治运动同志会"，接着，旅沪浙人也成立了"旅沪浙人自治协会"。这些组织都以"促进自治"为宗旨，从事宣传、鼓动工作。但是，"自治"如何进行呢？浙江的自治派都认为：先制定省宪法后实施自治，这成为浙江各自治派达成的一致意见。1921 年 5 月 22 日，省宪期成会在杭州正式成立，到会者 1100 余人，其会员主要是省城各法团成员和历届议员。阮性存发表政论，清楚地说明了省宪自治的方法和目的。说明"北洋军阀政府，违背人民利益，已无可与为。各省人民又无武力，足以驱北洋军阀出境。只可用不流血之革命方式，亦即自订省宪，自选省长。若是，北洋军阀在各省之地位，即失去法律上之保障"。① 同日，旅沪著名浙人章太炎、蒋智由、杭辛斋、王正廷等也在上海发起成立了浙江省宪协进会，共策进行。

正当浙江自治运动趋向高涨之时，1921 年 6 月 4 日，浙江督军卢永祥发表了著名的"豪电"，公开表示支持浙江的自治运动。卢电得到了浙籍士绅的响应，并推动了浙江省宪自治运动的急速发展。从 6 月 16 日至 7 月 12 日为浙江省宪起草期。7 月 12 日，省宪法草案及其施行法三读通过。7 月 23 日至 9 月 22 日为浙江省宪法会议讨论通过省宪及其附属法时期，9 月 7 日下午，省宪法会议一致通过了《中华民国浙江省宪法》及《中华民国浙江省宪法施行法》，因为这部宪法是在 9 月 9 日正式对外公布的，所以被称为"九九宪法"。

从"九九宪法"的内容来看，涉及保障人民权利的方方面面，极富民主精神。"九九宪法"的内容也大大超过了同时期其他省份制定的宪法，其完备性亦属全国之最。

但"九九宪法"刚公布，卢永祥就因宪法条款对其实行独裁专制碍手碍脚，宣布"九九宪法"不能代表民意，拒不付诸实施。1921 年浙江省当局依据原省议会组织法，选举浙江省第三届省议会，新的省议会重建浙江省宪法会议，决定集思广益，启动宪法"公民复决"程序，但只把"九九宪法"作为候选草案之一。另由人民自由提出各种宪法草案。

---

① 陈益轩：《浙江制宪史》，《民国北京政府制宪史料二编》，线装书局 2007 年版，第 37 页。

由于这次制宪强调草案由全民提出，最终由全民公决决定并以浙江全民名义公布，因而被称为"全民制宪"。

《浙江省制宪组织法》公布后，通知各县广泛征求对宪法草案的意见。全省反应热烈，各县分头起草，在规定的时间内，省议会宪草委员会陆续收到宪法草案共 100 部，在宪草上署名参加制宪的达 1.5 万余人。

11 月 4 日，宪草审查会正式成立。其任务是对 101 部宪草按三大类进行整理。整理完毕后，审查会又制定了审查方法，把所有审查员也分为甲（红色）、乙（黄色）、丙（白色）三组对宪草进行审编，分组编审完毕后，审查会召开大会进行审议，1923 年 1 月 26 日，三种宪草全部通过，分别用红、黄、白三种颜色刊印，故称"三色宪草"。

对于再次高涨的省宪自治运动，卢永祥及新任省长张载阳先是敷衍，如卢氏称：自治"应从下级办起，徐图发展"，"而首要工作是调查户口，以为自治之基础"。继则以拒拨经费来阻止省宪总决之进行，使"八月一日总投票，九月十日开票，种种规定程序，完全付诸泡影"。①

1923 年底，浙江兴起了第三次省宪自治运动。其背景是1923 年北京政府颁布了《曹锟宪法》。《曹锟宪法》明确规定"中华民国为联省共和国"，增设"国权"与"地方制度"两章，划分中央和地方权限，各省可以制定省自治法。浙江士绅希望乘此时机实现浙江的自治。1923 年 12 月，浙江省法团制定了《浙江省自治大纲》《浙江省自治程序法》和《浙江省自治法会议组织法》，随后在省议会三读通过。

---

① 林孝文：《浙江省宪研究》，博士学位论文，西南政法大学，2009 年，第 127 页。

对于此次制宪运动，浙江督军卢永祥给予了积极的支持。1924年8月1日，卢不仅亲自主持召开了浙江省自治法会议，还被浙江自治法会议选为省宪法执行委员。① 卢之所以积极参与自治团体的行动，是因为他面对江苏齐燮元的武力威胁，企图通过浙江的自治运动来抵制直系的吞并。1924年10月，卢永祥与江苏军阀齐燮元爆发江浙战争，浙江自治陷于停顿，但浙江自治派仍然前仆后继，继续在军阀枪刺的阴影下顽强地坚持立宪自治的道路。

二 1924年浙江拒孙入浙与宁波自治政府的成立

1924年9月至10月，浙江督军卢永祥与江苏督军齐燮元之间为争夺上海地盘爆发江浙大战，战争后期由于齐燮元纠集了福建周荫人、孙传芳、安徽王普、江西的蔡成勋向浙江进攻，江浙战争演变为五省战争，卢永祥招架不住，只好向孙中山等国内各派政治力量求援，但是战场的形势瞬息万变，9月闽军孙传芳从浙南仙霞岭突入，很快占领了衢州。17日，江山失守，浙军第一师潘国纲主动退出衢州，卢永祥怀疑浙军与他有二心，随即在省署召开军事会议，宣布辞去浙江军务督办职务，将浙省交还浙人自治，本人移沪督师，省长张载阳也通电辞职。二人离开杭州转往上海。临行前张载阳将省长大印交与警务处处长夏超，并嘱其负责省城一切治安。②

---

① 《浙人关心浙局》，《申报》1924年9月23日。
② 《杭州突生变化》，《申报》1924年9月19日。

　　江浙战争后，虽然卢永祥兵败回沪，但是前门拒狼，后门入虎，孙传芳率军进入浙江。浙江人民为了实现自治，反对任何一支军阀队伍进入。1924 年 9 月，浙江省内以及旅沪浙江各团体开展了大规模的拒孙自治运动。"杭垣各界运动拒绝孙传芳及筹议实行自治甚为积极"。① 1924 年 9 月 20日，浙江省议会向北京总统府、国务院、参众两院、全浙同乡会、各省军民长官、各省议会、各法团发出通电，表明：浙江原有暂编陆军两师及警备保安两队，已足够维持地方治安，且本地治安良好，已无用兵之必要。浙江议会请求中央政府"迅令前方各军停止战争，并勿派客军入浙，以免地方糜烂"。② 与此同时，关心浙江家乡安危的旅沪浙人团体如全浙公会等，为了应对浙江政局的变化，在上海召开旅沪团体联席会议，会议决定向浙江全省各团体发出通电，通电内容为：（一）浙江省应立即宣布自治。他们认为"九九宪法"已公布于众，省宪法为省民多数所赞同，应即暂遵照施行。省宪法即便有不完善之处，也应由省自治法会议审议修改。（二）由各法团联合开会，推举临时省长以维持现状。（三）组织全省保卫军。在全省范围内选举有富于军事学识、有政治经验者担任保卫军领袖。电报呼吁"吾浙当辛亥之际，自光复之自治之十三年于兹，未遭兵祸，年来事故相寻，危机一发，莫甚于此，倘天牖其衷及时彻悟，未始不可转危为安，此后保全吾浙地方吾浙人格，胥在吾浙父老兄弟之肩。"③ 因此，全浙公会认为必须组织军队保卫浙江父老安

① 《续纪浙局之变化》，《申报》1924 年 9 月 20 日。
② 同上。
③ 《旅沪浙人之意见》，《申报》1924 年 9 月 20 日。

宁，使外力不致侵入。同日，浙籍著名的国学大师章太炎先生也向江苏的齐燮元、福建的孙传芳以及浙江的卢永祥发出电报，呼吁他们停止向浙江用兵。电文称："鉴浙人自治本出民心，即依北京国宪亦难否认，今省权已还浙人，不应再侵浙境。"[①] 9 月 22 日，旅沪浙团如浙江辛亥同志会、浙民协会、旅沪浙江工商协进会等联名向杭州各法团致电，他们认为"浙局骤变，人心浮动，湖防已撤，衢境被占，惊耗传闻，大有前门拒虎后门进狼之势，卢张离浙，省局动摇，虽夏周代拆代维持，省城目前状况楚乱之丝，断非一二人所能理。"他们要求浙江省法团出面邀请旅居京、沪等地的浙江贤达社会名流如孙慕韩、汪伯唐、章太炎、高白叔、蒋伯器、顾子才、虞洽卿、李征五、褚慧僧、屈文六、李赞侯、诸君应等，会集浙江，"共图挽救，俾浙早定地方"。同日，浙江金义自卫团成立并向浙江全省公团发出通电，表明其捍卫自治的决心。电文称："同人等民六随蒋宣威在宁波起义，以自治为宗旨，民七随吕怀威在潮汕反正，以护法为依归，虽大勋未就，而此志未渝。顷因少数浙军弃守三衢要塞，显系破坏自治局面，同人等热血在怀，安敢暇豫，特于号日，议法公推前浙军行营参谋陈重耳上校为领袖，组织自卫团，保护桑梓，吾浙自治告成，本军即日解散。"[②]

　　9 月 23 日，北京政府已令孙传芳督浙，旅沪浙人对孙氏入浙，极端反对。浙江省宪法会议再度开会，他们认为应该抓住卢永祥辞去浙江军务总办的机会宣布"以浙省还诸浙人"。因孙传芳虽进军浙江，但立足未稳，完全可以实现浙

　　① 《章太炎之战事意见》，《申报》1924 年 9 月 20 日。
　　② 《旅沪浙人之意见》，《申报》1924 年 9 月 20 日。

江自治。他们指出："民国十年，省宪法会议制定省宪法早经公布，徒以阻力横生，迄未实施，今时局正急，旅沪各团体电促厉行省宪以舒浙艰。""自为实施宪法之良机，当经各团体及重要各方面商酌后，以为此次机会，万不能再任其蹉跎。"① 会议议决二事并付诸实施。其一通过上海、杭州各报馆向浙江旅沪各同乡以及各团体发出通电，呼吁旅沪各团体立刻纷发电文督促浙江省自治法会议施行省宪，以解决现下浙江所面临的危局。其二，向浙江省宪法执行委员会发出公电，要求他们立即召集浙江省宪法执行委员会开会，筹备改组各机关。电报内容为："上海卢永祥、虞和德、奉天总司令部转朱庆澜先生、陈榥先生、北京铁狮子胡同王正廷先生、糖房胡同黄郛先生、杭州马坡巷叶焕华先生均鉴，民国十年，省宪法会议暨公为省宪法执行委员，早将当选证书送达台端，目前时局紧急，省宪亟待实施，应请执事即日来省就职，成立执行委员会，筹备改组各机关，以纾浙难而慰众望。"② 旅沪浙人强烈要求浙江人民抵制北洋政府所派新的官员。"嗣后凡新受伪命之一切浙省官吏，均与省宪抵触，浙人应一致拒绝。"

　　江浙战争使浙江人民深受其害，浙江人民为避免浙江再度成为军阀混战的战区，希望通过浙江自治，抵制任何军阀再度统治浙江，以实现人民当家做主的愿望。然而浙江人民自治的愿景难以在北洋军阀统治的时代得以实现，当北洋政府任命孙传芳为浙江军务督理继续统治浙江时，浙江人民心中的怒火立刻转化为实际行动，一大批为实现浙江自治理想

① 《浙人关心浙局》，《申报》1924 年 9 月 23 日。
② 同上。

的浙江同仁奔赴宁波，组织自治军，成立浙江自治政府，与军阀孙传芳相抵抗。

　　1924 年 10 月，浙江各界社会名流及各法团，为了实现浙江自治独立，抵制孙传芳入浙，浙江自治派成员纷纷奔赴宁波，运作独立事宜。奔赴宁波反孙的有蒋尊簋、吕公望、屈映光、褚辅成等社会名流。这些人都曾经参加过辛亥革命，是浙江反清起义的元勋。民国政府成立后，他们都曾担任过浙江地方政府的都督或地方议会的议长。蒋尊簋是民国以来浙江第一届军政府的都督，1915 年曾参加过南下讨伐袁世凯的斗争。吕公望亦是辛亥革命的元勋，参加过绍兴反清起义，1916 年曾担任浙江省督军兼省长。屈映光早年与秋瑾、徐锡麟等人参加反清革命，曾经担任过浙江民政长职务。褚辅成也是浙江辛亥革命的元老，浙江光复后，曾经担任浙江第一届议会议长。这些人之所以聚集在一起，进行反孙的斗争，是因为其一，浙江绅商反对战争、希望浙江能远离战祸、有个安宁和平的环境，军阀孙传芳攻入浙江，破坏了浙人和平安宁的日子，使浙江陷入战乱动荡之中，社会经济遭到破坏，这使得浙江绅商痛恨至极。其二，孙传芳是外省人，浙江人向来主张"浙人治浙"，孙传芳带兵入浙，打破了"浙人治浙"的局面，因此抵制孙传芳入浙，实现浙人自治是浙江人民的共同愿望。

　　1924 年 9 月，浙督卢永祥虽兵败逃离浙江，但其复浙之心不死，卢坐镇上海，在上海龙华设立军事指挥中心，纠集其残部集中在吴淞、嘉定、青浦、嘉兴、嘉善、松江各战略要地，准备死守淞沪地区，与孙传芳顽抗到底。当时卢永祥手中掌控着皖军一部再加上何丰林、臧致平、杨化昭三军，共有 3 万人，实力不容小觑。此外，卢永祥在浙江的残余部队也盘踞在各地，与孙传芳对抗。同年9月，孙传芳入杭州后，卢永祥留在浙江的残余部队潘国刚率领残部二千余人盘踞在宁波、余姚等地负隅顽抗，这一带地形险要，易守难攻，对孙传芳在浙江站稳脚跟威胁极大。潘国刚所属第一师第一旅旅长郝国玺，在孙传芳入浙时，即发表通电，指责孙传芳残杀败兵，抢劫商民，惨无人道，随后郝国玺将部队调往台州，部署与孙军的作战，而他自己则奔赴上海，面见卢永祥，表示愿意加入卢部助战。

1924年9月22日，浙江自治派代表蒋尊簋、屈映光等从上海出发来到宁波，10月8日，浙绅李徵五、徐建侯、庄莘墅等陆续赶到宁波。同日，蒋尊簋、吕公望、屈映光等十多名自治派核心人物在宁波五夫镇召开军事会议，浙军第一师旅长郝国玺、伍文渊等列席会议。会议一致决定，成立浙江自治组织委员会，推蒋尊簋为委员长、吕公望为军事部长、屈映光为民事部长。会议还通过《浙省临时自治政府组织法》。会后，自治政府对外发布布告，以阐明浙江省自治的宗旨。布告曰："自四省攻浙以来，各路客军纷纷侵入金、衢、严、杭、嘉、湖、温等处。属军行所至，庐舍为墟。宁、绍、台三属虽未被兵，而人心恐惶，寝食难安，眷念桑梓，良用痛心。尊簋等不负人民期望，自治之意，为保卫地方起见，谨于本日宣布自治。自宣布日起，地方治安由本自治政府完全负责。"①

之后，浙江省临时自治政府公布了《浙江省临时自治政府组织大纲》，其主要内容如下：

"第一条，浙江省在省自治法未制定施行以前，组织临

---

① 《宁波宣布自治》，《申报》1924年10月11日。

时自治政府为一省最高行政机关。第二条，浙江省临时自治政府以委员十一人组织行政委员会执行省务。第三条，行政委员会互推委员长一人，依行政委员会之议决总理省务。第四条，行政委员会设立军政、民政两部分，掌军政民政一切事宜。军政部、民政部各设部长一人，由委员会互推军政、民政两部，组织法别定之。第五条，临时自治政府设立参议厅赞襄政务，其组织法另定之。第六条，行政委员会设立参谋处、秘书处，其组织法另定之。第七条，省议会由临时自治府召集之。第八条，临时自治政府俟省自治法会议议定，省自治法公布施行后撤销之。第九条，大纲自宣布日发生効力。”①

10月13日至14日，自治军召开紧急军事会议，重新调整了自治军队伍。命吕公望为浙江自治军总司令，郝国玺为前敌总指挥，王桂林为军事部部长，屈映光为民事部部长。取消伍文渊师长职务。原有第一师之第一、二、三、四团团长改称为自治军第一、二、三、四队队长。10月13日晚，第一旅长郝国玺调驻镇海，由于自治军第二旅旅长伍文渊为孙传芳拉拢，背叛自治军，倒向孙传芳，对自治态度比较消极。自治军副总司令王桂林和浙军第二旅旅长郝国玺协商后，共同命令参谋戴聿干率领百枪队以及第一师二旅四团第一营各连长突袭第一师司令部，追随伍文渊的骑兵营第四连连长管雅卿以及随行兵士九名冲出阻拦，被当场击毙。伍文渊在睡梦中被枪声惊醒，立即披衣跳下床，慌乱中翻墙头逃跑，跳下时脚部受伤，伍文渊及跟随他的马弁当即被拿下。事后，王桂林、郝国玺念袍泽之谊，放伍文渊去上海医病。

① 《宁波宣布自治》，《申报》1924年10月11日。

此后自治军的其余部队陆续到达宁波。浙军第二团由团长姚琮率兵抵甬，姚琮派兵赴电报局及宁波火车站，暂行阻断交通。郝国玺部驻镇海之第一团第一、二营兵士于十四日午乘军舰开到上海，随即转道开往宁波五夫驻防。随后，第四团第一营亦于十五日下午乘专车开往宁波五夫驻防。10 月 14日，自治军解除了宁波警察厅刘凤蔚的职务，并命令警察厅交出枪械。同日，自治军召开军事会议，讨论了自治军军饷问题。会议议决，在宁波筹集军饷十万，鄞县公署筹集一万五千，道尹公署二万余，六万五千由宁波总商会向各银行各钱庄各业筹集。会议决定待军饷筹集到位后，即率领自治军过曹娥江进攻杭州，实现浙江自治。之后自治军对外发布布告，阐明自治军成立的宗旨。布告曰："本军志在保境安民，慨自客军入浙，各处民不聊生，所过任意蹂躏闾阎，受害非轻。若不急图自卫，必无片瓦干净。本军本此宗旨，用特奋起义兵，浙军情同兄弟，自然一致进行。如有违背斯旨，即当认为敌人，军人系民卫国，心地本属光明，此举为由正义所望，全体一心，人民照常，切勿无故自惊。"① 同时浙江自治政府还向杭州各法团、各报馆以及全省七十五县各报馆发去通电，号召全省民众支持并参加自治军。电文称："全省父老均鉴，慨自四省客军纷扰，所过地方，奸淫掳掠，惨无人道，谁无室家，谁无子女，水深火热言之痛心。本总司令愤桑梓之蹂躏，惧覆亡之无日，计惟目前之急，莫先于自救，莫切于自卫。但究竟须归于自治。必人人有撄冠披发之决心，而后有转危为安之一日。今敌兵伤亡过半而饷弹缺之，后方无援，此诚吾浙江肃清疆土，扶植自治千载一时之

① 《甬事变化纪详》，《申报》1924 年 10 月 17 日。

机会也。况彼逆我顺，彼劳我逸，灭此丑类朝夕可期。各有天良应同心理，用敢本匹夫之责，负保省之任，谨率本省师旅于本日宣告自治成立，望我父老兄弟并力一心，剑及履及，共竟大业，吾浙幸甚民国幸甚。"[1]

10月16日，自治军总司令吕公望抵达宁波后即刻就职民政厅长，王桂林亦宣告就任军事部部长。同时吕、王二人命令前敌副指挥王尊率领海门一师二团于十七日开拔五夫前线。镇海炮台司令也招募自卫队八十名，暂住江南沙湾头。总司令部还招募新兵无数，并组织敢死队以备冲锋之用。10月16日上午12时，宁波自治军前敌副指挥王尊率四团第三连士兵以及宪兵等共五百余人乘专车赴百官，准备渡江与浙军第二师第六团会合，进攻绍兴。

三　孙传芳镇压宁波自治军

然而宁波自治军仅存在了三日，三日后自治军即被孙传芳的军队镇压下去。10月18日，孙传芳的部将周凤岐率浙军第二师第六团第三营及第一师四团第三营，共计两千余人出兵宁波，将自治军击溃，周凤岐完全控制宁波。[2] 10月19日，周凤岐抵达宁波，宁波地方军队指挥官和绅商如一师刘参谋长，一团徐团长，二团姚团长，镇海炮台张司令，镇海警察厅许厅长，朱营长、范营长，总商会会长孔馥初等悉数出场欢迎。

自治军之所以失败，其一，是自治军内部离心离德，军

---

① 《甬事变化纪详》，《申报》1924年10月17日。

② 《甬事又有变化》，《申报》1924年10月22日。

心涣散。

宁波独立后，"军政界中之怀疑派，不胜惊惧"。如浙军第一师师长潘国钢本无意独立，事发前，曾通电表示要解甲归田。后听说宁波独立后，为避免引火烧身，他于10月9日通电辞职，令伍文渊代为师长。"潘前师长佳电，宣言辞职"。① 但伍文渊为孙传芳拉拢，背叛自治军，倒向孙传芳，10于9日宣布就任浙军第一师师长。此后，受其影响，浙江中级以上军官，对自治之事皆观望不前。其他如浙一师第二团团长姚琮也辞职离开。10月13日，郝国玺任前敌司令，复推蒋尊簋任浙江自治军政府总裁，王鄂为总指挥，王桂林为军政厅长，王文庆为民政厅长，嗣后，军队向绍兴进攻，第二天，他们听说卢永祥已经逃离上海，便觉得后台已垮，败局已定，于是便作鸟兽散，纷纷逃匿。前敌总指挥郝国玺通电辞职，而自治军要人吕公望、王文庆、王醉卿等见潘国钢等不支持独立，迅即离开宁波，"吕王等得耗，乘夜奔至江北岸天主堂暂寓，十八日下午四时半，即乘北京轮赴沪"。② "至此浙江自治政府，已无形解散"。③

其二，宁波自治军没有得到老百姓的支持，自治军孤立无援。

自宁波独立后，当地老百姓害怕宁波迅即成为战场，惊慌失措，有钱人纷纷出逃，"居民十室九空"。④ 平民百姓无心从业，致使百业凋零。"一般居户商店，立即闭户。甚有

---

① 《伍文渊就职后之甬埠状况》，《申报》1924年10月12日。
② 《甬事完全结束》，《申报》1924年10月21日。
③ 《甬事又有变化》，《申报》1924年10月20日。
④ 同上。

乘夜逃难者，江北岸天主堂，为妇孺入堂避难者，已有人满之患，各商铺，至十六日晨，尚未开门营业。直至下午四点，除有一部分小商店陆续开市外，余如银行、银楼、钱庄及其他各大店铺，均仍紧闭店门。"而当地士绅，"大都主张和平"。①

其三，自治军军事指挥者，毫无军事指挥才能，军队是一帮乌合之众，战则即败。

自治军一开始信心满满。"吕总司令满凝一鼓作气，直捣杭州，驱逐客军"。② 然而自治军在宁波百官与孙军周凤岐部一交战即溃败，总司令吕公望"闻风声紧急，十七日晚，即移寓江北岸天主堂"，③ 后又逃回上海。自治军前敌司令郝国玺尚无接仗即通电下野。④ 总指挥王尊（王醉卿）的屁股尚未坐热，就因所属士兵的反对而下台。"当时第二团下级军官，即表示反对"。⑤ 嗣后自治军又委任徐卓尧为第二团团长，该团遂乘机暴动，反对自治。

其四，孙传芳的离间之计，导致自治军分崩离析。

孙传芳为了在舆论上占据优势地位，1924 年 9 月 25 日，他对外发表通电，声讨潘国刚："浙江第一师师长潘国刚，近尚负隅抵抗，甘心附逆，叛逆昭著，罪在不赦。此次讨逆军兴，迭经通电声明，仅诛首恶，胁从罔治。而彼执迷不悟，自绝于人，岂惟浙人之公敌，抑或国家之罪人，应请大

---

① 《甬事又有变化》，《申报》1924 年 10 月 20 日。
② 《宁波自治军备战》，《申报》1924 年 10 月 18 日。
③ 《甬事又有变化》，《申报》1924 年 10 月 20 日。
④ 同上。
⑤ 同上。

总统明令褫夺官勋，一并讨伐，以伸国法。"① 从这份电文中可看出，孙传芳对潘国刚留有充分的余地，并没有赶尽杀绝。随后孙传芳又通过夏超、周凤岐派员到宁波，劝说潘国刚认清形势，归顺孙传芳。潘国刚被说服，表示不会率部加入卢方作战。同时，孙传芳派人到宁波浙军中运动游说，"杭州方面，又派人劝告，力主和平"。② 驻扎在余姚的第二团士兵"受省方运动，表示反对（自治）。因此，自治军之进行，大受影响"。③ 自治军政府原任命伍文渊为自治军第一师师长，但还未对外公布，孙传芳以迅雷不及掩耳之势，在9日抢先发布伍文渊为浙军第一师师长的消息。伍亦转变态度，转而拥护孙传芳。"伍即接孙命，受宠若惊，浙省自治问题当然中变。"④ 宁波独立事件后，孙传芳对于宁波自治军，曾采取武力解决。10月21日，他致电浙江省政府，要求通缉第一师第一旅旅长郝国玺与陆军少将王莩，并明令褫夺二人的军职。他派周凤岐率第二师前往宁波、绍兴，摆出开战的姿态。后由于浙江绅商极力劝阻调解，战端才未开。周凤岐到宁后，"即将自治军撤销"。⑤ 嗣后，孙传芳任命浙籍将领陈仪为浙江第二师师长，并调第一混成旅旅长孟昭月为宁台镇守使，闽军第十混成旅彭德铨部驻温州，对宁波的第一师严密监视。11月16日，驻宁波浙江第一师与宁台镇守使孟昭月部发生激烈交火，双方交战近一个小时，士兵死伤无数。宁波市民为此激愤难当，宣布罢市。孙传芳不得不

①　邵维国：《孙传芳传》，黑龙江人民出版社 2001 年版，第 142 页。
②　《甬事又有变化》，《申报》1924 年 10 月 20 日。
③　同上。
④　《宁波宣布自治之中变》，《申报》1924 年 10 月 11 日。
⑤　《宁波善后谈》，《申报》1924 年 10 月 22 日。

采取安抚手段，请商界绅商出面调解，几经转圜，终于把事端平息下去。以后，孙传芳又调徐震方率领的浙江第二师第二旅驻守宁波。

四 孙传芳穷兵黩武

1924 年 10 月，全国政局，风云突变。冯玉祥乘吴佩孚发动第二次直奉战争之际，阵前倒戈，致使吴佩孚兵败溃逃，直系失去北京政权。嗣后，北京政权为张作霖、冯玉祥把持。北京政变发生后，孙传芳曾秉承"人不犯我，我不犯人"的原则，打着"保境安民"的旗号，尽量不与各派政治军事力量发生正面冲突。当福建督办周荫人来电向孙传芳请示如何应对北京政变后的局面时，孙传芳电授机宜，嘱周避免卷入旋涡。此时孙抱定"保境卫民"之策，固守浙江一隅。"孙氏初有布告，表示宗旨，顺从人民公意，吾浙军事甫告绥定，人民惊魂尚未苏息，断不宜再经扰乱，重苦吾民，值此时局，不论其变迁如何，惟知顺从人民公意，抱定保境卫民之宗旨，为吾全浙力求安靖。愿我浙人各安生业"。① 孙传芳为求得督位不失，保存浙江地盘，他率先发表拥护段祺瑞的通电："合肥段公，勋望德业，久为中外所推崇，亟应恳请出山以维大局，而定人心，至吴玉帅智勇兼备，确为国家栋梁之材，允宜优加待遇。"② 与此同时，孙传芳在浙江省范围内，大力提倡保境安民，严格控制浙省政局，防范外部势力扰乱浙江。为此，他下令将保境安民的告

---

① 《浙孙闽周之模棱态度》，《大公报》1924 年 11 月 12 日。

② 《孙传芳拥段通电》，《申报》1924 年 11 月 14 日。

示，贴满了大街小巷、穷乡僻壤。"杭讯云，孙传芳、夏超
对于北京致变意存观望。日前业已将保境卫民之布告遍贴通
衢，昨又通电各属。文曰：各警备队统领各水陆警察官衔各
道尹各县知事鉴，现在时局不靖，谣诼繁兴，吾浙甫经启
宁，断不可再肇纷扰，重苦吾民。各该军警官长及地方官
吏，均有维持地方保护人民之责，望各振作，于无形中严为
戒备，以免匪徒乘机扰乱，滋生事端。倘有不逞之徒，希图
破坏地方者，应即随时严拿。准以军法从事，先决后报。须
知本使本省长职责所在。值兹时局，不问其变迁如何，结果
如何，惟抱定保境卫民之主旨，为我浙人力谋安靖幸福。深
望我军警官长及地方官吏，共体此意，悉力奉行并即录电布
告。咸使闻知，仍将遵办情形切实呈报备核云云。"①

　　但是，时局的变化无法使孙传芳苟安一隅。1924 年底，
奉系张作霖乘机在关内扩大地盘。长江流域遂成为他首选之
地。1924 年 11 月 11 日，张作霖、段祺瑞与冯玉祥共同在天
津开会，商讨时局。会上，张作霖以铲除直系势力为目标，
极力主张武力解决东南各省，以便使东南地区成为他的囊中
之物。但段祺瑞不主张追穷寇，他主张对江浙两省，用政治
手腕解决，而不采取军事行动。最后，会议决定，"对东南
不用兵"。但是张作霖贼心不死，他玩了个花招。他以替卢
永祥（卢属皖系）报仇为名，率兵去驱逐江苏的齐燮元。
"张作霖以卢永祥之请求，对于齐燮元决计驱逐。"②

　　段祺瑞对于张作霖的提议，甚为满意。于是，在 1924
年 11 月 14 日至 16 日，段与冯、张再度开会，决定：由卢

①　《孙传芳亦曾倡保境息民》，《大公报》1924 年 11 月 6 日。
②　《奉张等军大举南下之消息》，《大公报》1924 年 11 月 14 日。

永祥率领张宗昌、吴光新两部进攻江苏，但不侵入浙江。12月初，张宗昌改称宣抚军第一军军长，归苏皖宣抚使卢永祥"指挥"。12月11日，段又下令罢免齐燮元，裁掉其江苏督理一职。令江苏省长韩国钧兼任江苏军务督办，同时又派卢永祥为苏皖宣抚使。段祺瑞的如意算盘打得很好，借卢永祥任苏皖宣抚使之机，使皖系重新获得江苏安徽地盘。殊不知，张作霖却借卢永祥之手，将十几万大兵渗入江南地区，抢先占据了苏皖地盘，使段祺瑞肉包子打狗有去无回。而卢永祥则成了奉系的一个进兵江浙的马前卒。"苏省必将为奉方属地"。①

孙传芳深知此番奉军南下，江浙必是虎口之食，为了保住地盘，必须采取军事行动先发制人。早在1924年江浙战争时期，孙传芳就已派兵占领了江苏松江地区，命浙军第四师驻扎松江，并占领了专门生产枪炮的上海制造局，任命杨邦藩为总办。同时，为了控制上海这个"聚宝盆"，孙传芳派受他控制的江苏第一师白宝山为代理淞沪护军使，"率第十混成旅开至南京，以津浦路段退回上海，现驻在制造局"。② 而此时，江苏督军齐燮元已派宫振邦为上海镇守使，北京临时政府又任命已经占据上海的鄂军第五混成旅旅长张允明为淞沪护军使。"字林报云，张允明已由北京政府任命为上海护军使，齐与孙传芳，则任白宝山为代理护军使，上星期四，齐复任宫邦铎为上海镇守使"。③ 于是，上海一时间

① 章伯锋、荣孟源主编：《近代稗海》第5辑，四川人民出版社1985年版，第483页。
② 《西报记者笔下之东南问题》，《大公报》1924年11月14日。
③ 同上。

出现了"三足鼎立"之势。嗣后，白宝山因有海州的地盘，不愿意与张允明争夺上海护军使一职，因而于1924年11月14日主动撤回海州。孙传芳只好去支持张允明，目的是掌控上海兵工厂。

就在齐燮元和孙传芳相互明争暗夺上海这块地盘时，卢永祥以"苏皖宣抚使"的头衔，杀回了上海。他先派他的部将何丰林、陈乐山回上海，联络已被孙传芳收编的浙军第四师、第十师旧部，浙军第四师原来就是卢永祥的军队，陈乐山是他们的旧长官，所以浙军第四师官兵在第八旅旅长范夺魁的号召下，将现任师长夏兆麟赶下台，并拥护陈乐山就任师长之职。为了防备孙传芳的报复，陈乐山命令第八旅旅长范夺魁率军进入枫泾地区，并破坏六十三号铁路桥，以遏阻孙军的进攻。"自陈乐山复任第四师师长后，致沪杭路铁道被第四师拆毁。"① 对于陈乐山的军事动作，孙传芳怀有高度的警惕性，他认为是卢永祥蓄谋进攻浙江的举动。于是他当即调自己的得力干将卢香亭率第二师第四旅及第二师第八团开赴嘉兴，攻打陈乐山。"孙传芳即调多数部队至嘉兴"。孙陈两军在嘉兴开战后，陈乐山兵败溃逃。"驻于嘉善枫泾之陈军，均已退却"。② 孙传芳击败嘉善的陈乐山军队后，并没有停止前进，而是乘胜追击，1925年1月2日，孙传芳命卢香亭率第二师占领了松江。随后，孙传芳又收编了陈乐山浙军第四师的一部分，并提升第四旅旅长谢鸿勋为第四师师长。之后，孙传芳又与江苏的齐燮元组成江浙联军，向上海宣抚使张允明发起了进攻。孙传芳之所以攻打张允明，因为

---

① 《孙陈两军开战记》，《申报》1924年12月29日。

② 同上。

张与卢永祥暗中勾结，曾经扣押他的军火，使其异常恼怒。同时，打败张允明，可以控制上海。1925年1月11日，孙齐军队分别从南北两个方向向张允明发起了进攻，张军不堪一击，迅速溃败。张允明的旧部被孙传芳收编为第二混成旅，由王金珏为旅长。而齐燮元则率军进驻上海龙华。由始，上海暂时成为孙、齐两人的天下。

　　但是，好景不长，自1924年12月起，奉系张宗昌的10万大军挥师南下，不费吹灰之力占领了江苏，使孙传芳惊恐万状，为了防止奉系侵入浙江领地，他竭力缓和与奉系的关系。他派浙江盐运使王金珏同奉系的各要员联络疏通，同时，他主动打电报给北京执政府及上海总商会，提出奉浙双方签约，共同撤出在上海的军队，以恢复上海这座城市的繁华。"北京段执政钧鉴……查松江为沪杭交通枢纽，上海又中外商业之中心，现浙中父老荃以欲保安宁，必须办到淞沪两地，双方各不驻兵，环请转恳钧座，俯顺民意，竭力维持，以保江浙永久和平。"① 因孙传芳与张宗昌先后将军队开进了上海，引起了驻沪外国势力和上海工商界的共同反对，北京段祺瑞政府害怕在上海发生战争，招来外国势力的干预，于是电令孙奉双方停止战争，撤回原地。1925年2月2日，孙奉双方在北京政府代表吴光新的协调下，孙传芳与张宗昌共同在上海签订和平协定。协定规定：双方在三日内撤退上海附近的军队，孙军退往松江，奉军退往昆山。实行上海永不驻兵。孙传芳通过此举暂时缓和了与奉系的关系。

---

①　《浙孙主撤淞沪驻兵》，《申报》1925年1月9日。

五　江浙倒孙自治运动

正当孙传芳为扩张地盘，与皖系残余部队兵戈相见时，旅沪的各个工商团体开展了声势浩大的倒孙运动。"京函云，自时局变换，江浙两省人民，各有去孙去齐之运动，早已派代表多名来京，闻浙江军队现已联合一致，要求中央将孙传芳撤换。"① 浙沪两地的工商团体之所以在这个特殊时期开展倒孙运动。是由多种因素促成的。

其一，旅沪的浙江绅商担心，吴佩孚下野，曹锟被囚后，掌控北京政权的张作霖会对同属于直系的孙传芳下手，奉系会派兵进攻浙江。使浙江大地再度沦为战场，生灵再遭涂炭，工商业再度凋零。"执事乃受曹锟伪命而来，曹即为阶下囚，执事何能侥免，今浙人所以寝食难安者，惟执事任浙，必为众矢之的。累及地方糜烂耳，是故执事不去，浙境不保，浙民必不安。"②

其二，旅沪的浙江绅商对于孙传芳任浙以来的所作所为深恶痛绝，因而决心将其逐出浙江。

1924 年 12 月 14 日，浙江各公团纷纷致电北京段祺瑞执政，历数孙传芳入浙以来的种种罪行，希望北京政府能免去孙传芳的督军职务。"查孙氏自勾结内奸，盘踞浙江以后，日从事于横征暴敛，购械添兵，惨杀不问良莠，鸦片公然征收，近复提骑四出，扰害民居，检查邮电，妨碍交通，呜呼，浙人锋镝余生，宁能再受余毒。孙氏近因浙人群起反对遂密遣其心

---

① 《江浙问题秘密中之重大酝酿》，《大公报》1924 年 12 月 11 日。
② 《旅沪浙人之驱孙运动》，《大公报》1924 年 12 月 15 日。

腹，运动我公左右，冀保全其位置。务祈我公，毅然下令，黜彼凶顽。使以民意为依归。浙江旅沪工商协进会、自治讨论会、学界联合会等。"①

其三，浙江原督军卢永祥的旧部运动反孙。

皖系卢永祥的旧部陈乐山、何丰林、杨化昭、臧致平等借段祺瑞上台之机，四处运动联络反孙，企图借机赶跑孙传芳，恢复卢永祥在浙的地盘。"执政府预定询浙人褚辅成等之请，奉军到浦口，即下免孙职，陈乐山、何丰林、杨化昭、臧致平，连日在法租界，有重要会议，商议对浙方案。"②

其四，浙江自治派企图乘段祺瑞执政的有利时机，将属于直系的孙传芳逐出浙江，真正实现浙江的自治。"浙江旅沪工商协会等团体，为驱逐孙传芳事，特电段祺瑞请其从速将孙免职。浙政还之浙人自治。"③

1924 年 12 月 14 日，旅沪的工商团体联合召集会议，决定采取各种途径驱逐孙传芳势力出浙境。"旅沪浙人，昨九日下午二时，召开临时会议，到有诸辅成等三十余人，并宣读浙江民生协进会等团体之代电，要求旅沪浙人组织驱孙大会。并谋实行废督办法。宣读毕，聚众讨论办法，其结果如下，（一）即日组织驱孙大会；（二）推派代表分驻京津，联合旅居京津浙人一致行动，并在京津组织驱孙大会；（三）由全浙公会致电段祺瑞、张作霖，赞成废督裁兵；（四）致孙传芳电，忠告孙氏，早日离浙；（五）致本省各县各团体电，请设

---

① 《浙江旅沪各团体电京驱孙》，《申报》1924 年 12 月 14 日。

② 同上。

③ 同上。

法将已征未解各款扣留"。①

　　1924 年 12 月底，旅沪的倒孙派开展了声势浩大的舆论攻势，向北京段祺瑞政府和社会各界发表通电，声讨孙传芳任浙来的罪行，坚决要求将孙传芳撤职。"致段祺瑞电，北京段总执政钧鉴，孙传芳祸浙不已，近又添兵购械，惟日不足，执政方以和平号召国中，而孙传芳蓄意谋乱，逆迹昭彰，浙人遭此毒。万难容忍。在已集合浙江旅沪各团体，公决驱孙。并推代表来京面呈。"②"致本省各县各团体电，孙传芳招募新兵，数以万计，分批运浙，事实昭彰，推其用心，无非以吾浙民灾后余生，安能以有限之脂膏，养无数之豺虎。"③ 另外，倒孙派公然向孙传芳去电，要求他自动辞职。"致孙传芳电，杭州孙馨远鉴，保境安民之责，浙民自能任之，浙人之休戚安乐与执事之休戚安乐，正处相反之地位。如执事真正以地方为念，亟应自动下野。"④ 同时，倒孙派与宁波的自治军、上海的张允明部联合，谋求军事倒孙。1924 年 12 月，浙沪的倒孙派与宁波的自治派相互联络，意图在宁波设立倒孙的军事大本营，后因宁波工商界的反对而作罢。"东南通讯社云，浙江自治军领袖云，以驱逐孙传芳，拟赴甬独立，兹悉甬人方面，连日推派代表与自治军各领袖接洽，表明驱孙运动，绝端赞成，惟以宁波为根据地，则难表同情，而自治军方面，鉴于甬埠前次独立之惊扰，及此次甬人对于桑梓之热忱，已有中止赴甬之说。"⑤ 随后，倒孙派又与上海的张允明部取得联系，扣押了孙传芳由

---

①　《旅沪浙人之驱孙运动》，《大公报》1924 年 12 月 15 日。

②　同上。

③　同上。

④　同上。

⑤　《浙自治军中止赴宁独立》，《申报》1924 年 12 月 19 日。

武汉运来的枪械。"本会因得报孙传芳由鄂运输大批枪炮过沪赴杭，曾电段执政及张护军试请予截留，兹段已经有覆电，已电饬军使扣留，张亦有复函，谓已派员查察，该械已经运杭，不及扣留，众以孙尚陆续由鄂运来，应再电段请令护使扣截。""前日招商局江大轮船由汉来沪，船上带有鄂萧接济浙孙由汉厂运来之大宗军火一百二十箱。计快枪一千枝。为海关查出。"①

　　面对如此声势浩大的倒孙运动，孙传芳并不甘心束手就擒，他使尽浑身解数来应对。首先，为了化解与浙江各界之间的矛盾，孙传芳频频与浙江各界绅商团体沟通。"至孙氏对于地方绅商，近来极为联络，顾问咨议，已多至数十人。"②1924年12月19日上午十二时，孙传芳邀请省议会全体议员，"议员到者约一百余人"。在招待浙江省议员的宴会上，孙传芳特别提出治理浙江的民政举措："诸公为人民代表，诸公所表示之意思，即一般人民之意思，弟是当极端尊重，至军费一层，绝不敢超出卢前任预算，稍缓时日，即可核减，嗣后务望诸公监督指教。弟自是乐于听从。弟约有数端，此时得与诸公一商榷之。(1) 教育为文明之母，欲兴教育，必须先端始基。诸公皆社会领袖，甚望对于小学教育，加意提倡。(2) 开发实业，首任交通利便。弟对于省道一事，所以力促进行者以此。(3) 弟从事军界将二十年，对于兵士演说，尝谓一草一木，为人民之所有者，军人皆有保护之义务，至于省军客军界限之说，本是不成问题，现在惟有一样整顿，一样待遇，殊无彼此远近之分。(4) 整顿吏治，本是省长之权。惟对于吏治

① 《浙孙所运军火被查》，《申报》1924年12月24日。
② 《浙省孙夏意见之调解》，《申报》1924年12月2日。

好坏，不能绝对不问。如发现知事不恰民情之处，即从速使省长撤换。诸公来自各县，知之较悉，请不必客气。明一告我。"① 虽然孙传芳竭尽全力缓和与浙江民众的矛盾，但是，由于孙传芳不放弃"黩武"政策，浙江老百姓仍然不见好于他，因而他的种种缓和矛盾之举收效甚微。"字林报通讯云，孙传芳在浙，殊不得浙人好感。孙近来有募补军队及筹款之活动。宁绍温之富室闻之颇为惊疑，因此迁沪者不少。孙之意欲借宁波商人之势力抗齐燮元，惟未能收效果。现孙对于此等省军饷项，每不照发，以致此等军队之食米，多赖商会供给。省军意不能平，暗中颇有变动之意"。②

其次，拉拢浙籍将领，尽量减少矛盾，巩固后院。"此次战争结果，军务由孙传芳主持，省政由夏超主持，仍与从前局面无异，惟因更动各厅局局长，及管辖各财政机关，孙夏二氏意见不无龃龉，外间遂以讹传讹，竟有火拼之风说，孙氏为维持治安，先谒夏氏，解释一切，并由杭闽监督陈蔚，一方以士绅资格，一方又以同学名义调解，以为北京政局，既与从前不同，亟应双方合作，以免再生变化。夏氏亦为谅解。"③

再次，孙传芳仍然不放弃"武力行动"，抓紧调兵遣将、储备武器弹药，做好作战准备。"又云孙传芳因北京政府对浙空气恶劣，浙人驱孙运动亦在猛烈进行中，为保持地位计，不能不有所准备，故近来招兵购械，极为忙碌。前日又派员来沪向兵工厂，提取枪弹三十万粒。与昨日沪杭车运杭存储"。④

① 《孙传芳公宴浙议员》，《申报》1924 年 12 月 22 日。
② 《浙军行将变动之外报》，《大公报》1924 年 12 月 8 日。
③ 《浙省孙夏意见之调解》，《申报》1924 年 12 月 2 日。
④ 《孙传芳赶作准备》，《大公报》1924 年 12 月 23 日。

最后，孙传芳严密监控浙江民众的举动，对反孙势力，实行高压手段。"日来，宪兵搜捕党人，非常严厉，八号晚，花市路一带，如省议员蒋玉麟、嵇文及省署秘书李次久并省道局亦遭波及。现省议会具函质问。"①

由于孙传芳做好了充分的军事准备，对外四处联络，获得了不少的外援。更由于他高举拥段旗帜，因此，北京的段祺瑞也不想开罪于他，反而在冯玉祥、张作霖面前说他的好话，维持他在浙闽的地位。为了打消孙传芳的疑虑，他去电孙传芳，表示卢永祥此番南下，绝无攻浙之意图。劝其停止军事行动。"远东通讯社云，孙传芳以执政府免齐，恐影响个人地盘，亟亟谋联齐之策，以资保全固有之势力。段执政亦以免齐后，孙氏不免生疑虑之心，特派罗毅威代表与孙解释一切。并告孙目下执政府绝不轻易变动，请安心约束队伍，勿令有越轨举动。并劝勿与苏齐结合。一面阁议蔡璞、王金珏等接充财厅长盐运使，对孙表示诚意。"②

1925 年 1 月，孙传芳占领松江、上海之后，奉系张作霖又派他的悍将张宗昌率 10 万大军南下，进攻江苏的齐燮元。奉军连占江苏常州、无锡、苏州，齐燮元兵败溃逃。孙传芳原与齐燮元订有攻守同盟，因此他曾派兵开赴苏州、无锡两地助齐，但他一看张宗昌军来势凶猛，自己不是对手，恐吃大亏，于是干脆来个脚底板抹油，抛弃了齐军，溜之大吉。之后，孙传芳改变了反奉态度，转而联奉、亲奉，以图自保，奉系也暂时动不了这位"孙小鬼"。

孙传芳经过一年来的穷兵黩武，不仅占据了浙江这块鱼米

---

① 《杭州快信》，《申报》1924 年 12 月 12 日。

② 《执政府对浙孙态度之两说》，《申报》1924 年 12 月 22 日。

之乡，而且兵力也大大扩张，在东南地区俨然成为一方霸主。而江浙两地的人民希望在军阀派系的轮替中谋求和平自治，也只能成为一种梦境。

第三章

孙传芳与浙江自治运动的演进[*]

一　1925年初浙江自治运动的继续开展

1924年江浙战争后,孙传芳迅速控制整个浙江。1924年9月17日,北京政府任命孙传芳为浙闽巡阅使兼浙江军务督理,为了获取民心,稳固政权,孙传芳多次表示不干涉浙省民事。孙传芳以为:"浙省自洪杨后,数十年来未遭兵燹,元气未伤,固有文化,自应加意保存,即地方政治,亦应保持原状,遇有官长更动,亦必以浙人为限,对于民政部分,概由夏氏主持,尚不干涉。"[①]"孙氏对于辖省民政,力主公治,用人行政,从不干涉。"[②]孙传芳对浙江的自治活动也采取了不干预甚至默认的态度。1925年4月5日,他在发给湖南督军赵恒惕的电文中称:"浙省之自治法,刻下正在进行,弟以地方军事长官,不便参与,有时晤谈,不过以斟酌至当,简便易

　　[*]　孙传芳被任命为浙商巡阅使一职,参见《北京政局变化不定中之沪闻》,《申报》1924年10月29日。

　　[①]　《孙传芳入浙之经过》,《申报》1924年9月29日。

　　[②]　章伯锋主编:《五省联军与奉系的战争》,《联军志略》,《北洋军阀》,武汉出版社1989年版,第232页。

行，相期而已，至提倡一事，力之所及，定竭驽骀。"① 浙江的自治派对孙的这番言论，大受鼓舞，认为浙江的自治实现大有希望。

孙传芳之所以不干预甚至表面上支持浙江省宪自治运动，是由内外环境的因素促成的。

首先，最根本的原因是为了防止奉军侵入浙境实行割据的自卫手段。

1924 年 12 月底，奉系张宗昌率十几万大军南下，不费吹灰之力轻易占领徐州。紧接着又占领浦口。"最近奉系势力，渐有沿津浦线以溯长江直上之势"。② 对于奉军的南下进攻，孙传芳感到既愤恨又惊恐。孙原来的计划，在占领浙江之后，再厉兵秣马，整军备战，拿下江苏、安徽，争取成为江南霸主，但如此好梦却被奉军打破，当然恼怒。于是，他严阵以待，准备击退来犯之敌。但孙传芳知道，靠自己一己之力，是难以对付来犯之敌的。于是，他便利用"联省自治"的旗号来抵制奉系的扩张，四处联络各方反奉势力来对付奉系的南侵。1924 年 11 月 13 日，他联合了江苏齐燮元、安徽马联甲、江西蔡成勋、福建周荫人、湖北萧耀南等 8 省督军会衔通电给北京政府，以"保境安民"为招牌而宣告东南自治独立。③ "闽浙巡阅使孙传芳，特派本署总参议王金钰为代表，赴宁参与八省联防会议"。④ 而长江流域各省督军也因奉系南侵威胁到自己的利益而寝食难安，故长江各省督军皆主张联合应对奉

①　《浙孙复赵湘东电》，《申报》1925 年 4 月 5 日。

②　《八省联盟中之萧耀南》，《申报》1924 年 11 月 15 日。

③　《浙孙代表赴宁参与联防会议》，《申报》1924 年 11 月 15 日。

④　同上。

军南下。"与奉对峙之国民军，亦正经营陕甘，以为他日饮马长江之预备，湖北居长江优越地位，势将为张冯所必争，此鄂萧所日夕惊心不能安枕者也，又见段系实力薄弱，未足与冯张相对抗，于是暗中接洽，而有川黔湘鄂赣豫浙闽八省联盟之提议。"① 孙传芳为了割据浙江，需要联省自治这块招牌作旗号对抗中央。"此间因军事严重，于十四日下午，由王竹斋、宓廷芳、徐溥泉、程子潜、方仲友等，赴督署协商一切，省议员蒋于麟、朱章宝等拟即于此时期，重推孙夏两长宣布独立，否认中央政府"。② 而江苏浙江一带的工商界人士，因为担心奉军南下，祸及江南大地，为了不使战火蔓延到东南，于是由沪上有名望的绅士如章炳麟、张人杰、张乃燕、田桐、张秋白、彭介石、张知本、但焘、陈铭钟、王心三等数十人领衔，发表了一份长江六省名人宣言，反对北方军队南下江浙、江西、湖北，引起东南不安，其宣言中再度强调了东南各省社会人士对于自治的愿望。宣言说："今西南差能自保，惟吾湖北、江西、安徽、江苏、浙江、福建 6 省，犹为北洋防军牵制之区，其间曹吴余孽，又居多数，自命国军恣睢妄作……闯献复生，无此残忍，此吾六省人民之深仇，是故驱除防军，完成自治，乃我六省人民之责任，今北方已有改革，果有明达之士，无论建设政府至如何程度，皆应将六省地方，缴还百姓"。③

其次，因北京中央政府早已公布了《中华民国宪法》，明确规定了各省可以制定省自治法。

---

① 《八省联盟中之萧耀南》，《申报》1924 年 11 月 15 日。
② 《浙孙对于奉军南下之筹备》，《申报》1925 年 1 月 16 日。
③ 林孝文：《浙江省宪研究》，博士学位论文，西南政法大学，2009 年，第113 页。

以曹锟、吴佩孚为首的直系通过 1922 年的第一次直奉战争，打败了奉系，控制了北京中央政权。同年 11 月，直系以武力将大总统黎元洪赶下台。随后，曹锟用金钱贿赂国会议员，如愿以偿地坐上了民国总统的宝座。贿选之后，直系军阀为了取悦于民，使其统治合法化，立即进行立宪。1923 年 10 月 10 日曹锟就职之日即公布了《中华民国宪法》，此宪法共有 13 章 141 条。在宪法中明确划分了中央与地方的权限，各省可以自行制定省自治法，这样就给各省制定省宪提供了法律依据。作为新直系的后起之秀孙传芳自然要与国宪保持一致。

1924 年底，浙江自治法会议在较为宽松的局面下，重新召开，继续起草浙江省自治法草案，至 1924 年 11 月 20 日，草案起草完毕。"浙江省自治法会议，通过草案"。① 12 月 2 日，自治法会议讨论决定将草案交付省议会审查。此时自治法会议距离规定的五个月会期即将到期，自治法会议与省议会商量，省议会通过了《修正浙江省自治程序法》，延长会期两个月。② 12 月 26 日，自治法会议决定休会两个月，定于次年 3 月 1 日继续召集。③ 1925 年，浙江省宪的制定又再度继续。1925 年 3 月 13 日召开本年省自治法会议第一次大会，因会议内部对自治法草案有诸多意见，加之召开追悼孙中山大会等事，拖延了时间，会议对自治法审议的速度极慢。5 月 5 日，大会议定请省议会再延长会期两个月，得到许可。经过浙江省自治法会议九个月断断续续的磋商讨论，终于在 1925 年 7 月 9 日，《浙江自治法》三读通过。鉴于前两次制宪失败的经验，

---

①　《浙省自治法草案通过》，《申报》1924 年 11 月 20 日。
②　《浙省自治法会议暂行休会》，《申报》1924 年 12 月 27 日。
③　同上。

制宪大会决定先休会三个月，待施行法及自治法之附属法议决后再一起公布。此前，为了制定施行法及其附属法，自治法会议已三次请求省议会延长会期两个月并得到许可。自治法会议一再休会，其一是由于战乱不断，使会期中断。其二，自治法会议议员身份复杂，平时忙于冗杂的事物，经常不参与会议，致使会期一再延误。如经亨颐、查人伟、叶亘东（查、叶同时为省议员）等已加入改组后的国民党，投身国民革命，在自治法会议中只是挂名而已，较少出席。而省议会议长沈钧业支持"善后会议"，亲赴北京出席。自治法会议议员大多身兼数职，有出任县知事者，有办理银行者，有北上未归者，"任务太多，不克分身"。① 平时开会勉强凑足 75 人的法定人数，休会后更是难以凑足法定开会人数。其三，自治法会议会期延长，省议会与自治法会议均有利可图。因为《程序法》明确规定"筹备期内由省议会行使立法权"，故自治法会议延长一天，就等于延长省议会议员任期一天。省议员何乐而不为呢？而对于自治法会成员来讲，自治法会议每存续一天，会员们每天就可以领四元钱，所以他们也乐于自治法会议无限期延长。正如有人批评的那样："省议会复沟通省自治会，以苟延残存，愚民弄法，狼狈为奸；省自治法一日不公布，即省议会多存一日，不至改选。设计甚周，用意甚险"。②

可见，如同马拉松式的自治法会议已成为某些政客及议员谋利的工具。

---

　　① 沈晓敏：《处常与求变：清末民初的浙江咨议局和省议会》，生活·读书·新知三联书店 2005 年版，第 373 页。

　　② 同上书，第 374 页。

二　1925 年底浙江自治运动的高涨

（一）孙传芳与浙江自治会

从 1925 年 10 月 15 日至 11 月 9 日。孙传芳率领孙浙五省联军仅用半个多月的时间就连克上海、南京、徐州，将奉系势力逐出了江南。孙的反奉战绩，博得江南绅商的赞誉，祝贺的电报纷至沓来。有江南名士董康发来贺电曰："自上年江浙之战，苏人所撄创痛，甚于洪杨，大乱之后，亟思修养生聚，以冀恢复元气，讵意奉军移驻以来，视同征服区域，未及一年，省库搜刮已达六百万，驻沪奉军，因包庇贩土，自相残杀，腾笑友邦。此次馨帅首义，旌旗所指，虏军远飏，如风扫叶，未及两旬，徐方底定，而赴机神速，求之古名将中，亦罕其俦。"[1] 浙江绅士也向孙发去祝贺的电文："南京孙总司令钧鉴，闻公凯旋，群情欣慰。"[2]

1925 年 11 月 25 日，孙传芳在南京正式成立浙、皖、闽、赣、苏五省联军，自任总司令。此时的孙传芳拥兵十几万，控制着浙、皖、闽、赣、苏五省，俨然成了东南五省的霸主。

此后他撇开北京中央政府，自行任命了浙、皖、闽、赣、苏五省的最高军政长官，经营起江南独立王国。在北洋军阀中，孙传芳是颇有政治头脑的人物。他独得江南半壁江山后，为了长久地偏安一隅，称霸一方，极力寻求地方政治力量的支持，因此对于地方政治采取了较为宽松的政策。

浙江的自治团体希望乘孙传芳占领皖、赣、闽、苏、浙五

---

① 《董康请孙督苏之蒸电》，《申报》1925 年 11 月 12 日。
② 《江浙士绅致孙传芳电》，《申报》1925 年 11 月 28 日。

省后，将势力向外省扩张，将浙政还诸浙民，实现浙江自治。"以浙省旅京同乡名义请其率师向外发展，即以浙政还之浙人，籍明素治"。① 为了推进江浙的自治进程，苏浙两省自治团体分别致电孙传芳，转达浙江父老对自治的渴望。"南京孙联帅钧鉴，江淮底定，吴越一家，江浙人民本如昆仲，得公总理师干，俾萧墙之内，无须潢池之虞，和平永保，世利赖之，惟望本五省联帅之职权，树统一军政之计划，保障联防，实行自治，军权民政，判若鸿沟，为自治策先声，即为全国弭内乱。"②

　　同时浙、皖、闽、苏、赣五省自治联合会召开大会，制定了有关推进五省自治的各项举措："昨日苏省自治协进会，开会欢迎浙闽皖赣自治代表大会代表，四十余人开会，形成议决案。（一）五省财政，拟请分货款省款地方款三项，设发统一，以免紊乱案，苏省已奉明令，拟请总帅援苏例，通行四省遵照办理。请孙联帅通令各省，补助地方自治协进会经费，以维会务案。（二）五省自治经费，请各省政府通令各县专款存储，以利自治进行案。五省合组东南自治学院，以培植自治人才案。（三）请孙联帅于五省各设省参事会，由各省之省议会，地方自治协进会，暨教育、商、农、律师公会等法团选出省参事案。（四）请孙联帅统令各省法定团体，从速制定省宪大纲。（五）请孙联帅统令各省法定团体，从速制定省宪。（六）各省以省贤治省。即厅道县亦以本省之贤能者充任。"③

　　为了寻求孙传芳对自治的支持，江浙两省的自治团体还分

---

① 《苏浙旅京同乡废督运动》，《申报》1925 年 11 月 18 日。
② 《苏浙两省县联会联席会议》，《申报》1925 年 11 月 27 日。
③ 《浙闽苏皖赣自治联合会开会记》，《申报》1925 年 11 月 30 日。

别在南京和杭州宴请孙传芳，"浙闽苏皖赣五省地方自治协进会，浙代表潘上莹，闽代表程曾涵、陈公谟，皖代表江家球、张斗房、范玉堃，赣代表史维俊、周之翰、涂之铬，苏代表庞振干、周长康，及全国地方自治联合会代表徐果人、吴康鑫等，齐集宁垣，二十三日下午二时，假秀山公园英威阁设备西餐，欢迎孙传芳氏，军政绅商学界共到六十余人"。① 双方就自治问题进行了深入的交流，孙传芳表达了对于自治的看法和态度，并希望官方和民间相互合作，共同推动自治的进行。孙传芳表示："谓主席表示以法维护自治意见，洵属切要之图，今后希望官绅民合作，绅介于官与民之间，上可监督官厅，下可指导人民，余亦甚愿以诚意关于地方兴革事项当视力之所及，以为提倡，余之志愿，是普遍的，希望五省自治能有同时与诸君共同努力，同量之发展。"② 12 月 20 日孙传芳在杭州西湖九芝小筑邀请浙江省县自治联合会代表出席宴会时，又发表谈话阐述对县自治的意见。孙曰："官治与民治同效，否则人民不满意，民治与官治同一失败。即如县议会，为监督县行政官之机关，监督固应从严。然亦不可过事责备，反致良能之辈，救过不遑，而苦无从发展。自清末县城镇乡制一度试验后，迄今评论，毁誉参半。其良好成绩，自不可磨灭。其不良之症结，不在制度本身，以人之问题居大多数，是得人尤关重要。诸君皆一时俊秀，行表言坊，宽联合两省之代表，团结一致之精神，一细讨论，与人民最为接近。所议亦必最切民生，而为代议制树立兼顾之基础。"③

① 《五省自治协联会欢迎孙传芳》，《申报》1925 年 12 月 27 日。
② 同上。
③ 《县联会代表由杭返沪》，《申报》1925 年 12 月 20 日。

从以上孙的言论可以看出，孙传芳主观上并不反对浙江的省宪自治运动，而他的官民一起合作把各省的实事做好的态度是有助于浙省自治运动顺利开展的。例如浙省自治运动经历了三次高潮。1921 年 9 月 9 日第一次制宪法，亦即"九九宪法"，由于卢永祥的先支持后阻抑，加之三届省议员的选举问题而搁浅。浙省的第二次制宪，亦即"三色宪法"，也因卢的"再三延宕，不肯交付公民票决，致成流产"。更由于省宪自治派内部派系重重，争权夺利，致使第二次制宪失败。当时的自治参与者也分析说："查浙省第一次省宪，九九公布后，因三届省选关系，阻抑不行，第二次省宪，三届议员无信，又议决而未公布。"① 但是 1925 年浙江的省宪自治运动就有所改观，由于官方支持，各项立法工作进展顺利。"至此次省自治法，难得官民合作，所有立法工作，差已告竣。"②

（二）浙江自治法的起草和公布

浙奉战争结束后，省内政治又出现宽松祥和之气氛。1925 年 10 月 21 日，自治法会议重开大会，进行施行法及各种附属法的起草、审议工作。"浙江省自治法会议，自成立以来，曾开大会六十六次，审议会十九次"。③ 至 12 月 31 日，全部三读通过。

浙江自治会分别致电孙传芳与浙江省长夏超，希望由省政府颁布并施行自制法。"浙省自治法，经省法会议决定，于十五年一月一日上午十时正式宣布……并登省城报，暨通电省内

---

① 《孙传芳之解释自治》，《申报》1925 年 12 月 15 日。

② 同上。

③ 《浙省自治法之公布问题》，《申报》1925 年 5 月 23 日。

外法团，一体知照，闻省自治法由省法会议宣布后，即送登浙江公报，以昭慎重，已推代表殷铸夫、王孚川、陈霭士三人赴宁，与孙馨远氏接洽。"① 致夏超的电文："杭州夏省长钧鉴，比闻省自治法行将告成，我公提倡自治，首树风声，薄海喁喁，咸深仰颂，务望全其始终，将浙江省自治法暨施行各法，即日公布，俾得依照程序逐案施行。江浙两省县议会联合会。"② 浙江省长夏超也希望浙江自治能尽快实行，以实现由他掌控浙江的局面。"闻夏省长对于筹备自治，已与萧政务厅长叶警务处长郑秘书长等，为一度之商榷，颇为圆满。"《浙省筹备实施省自治》，《申报》1925 年 12 月 31 日。1926 年 1 月 1 日，自治法会议自行公布了自治法。"略谓浙江省自治法，已经三读告成，本年元旦业已公布。"③

《浙江省自治法》共分十七章第一百八十四条。其内容要点如下：

第一章　　"总纲"。规定浙江省为中华民国之一自治省，省域依其固有之疆界，凡有中华民国国籍之人民，或居住本省二年以上登录于省户籍者为本省省民，省之自治权属于省民全体。

第二章　　"省民之权利义务"。规定省民在法律上一律平等，省民享有选举及被选举权，有自由言论、集会、结社、自由居住及迁移权以及担任各项公职之权、省民拥有私有财产、营业自由权，依法律有请愿、诉愿或提起行政诉讼之权，有置备武器之权。"省民之身体自由，非依法律不受制限或剥夺"，

①　《浙江省自治法定期宣布》，《申报》1925 年 11 月 1 日。
②　《促进省自治法之两电》，《申报》1925 年 12 月 30 日。
③　《苏浙两省之自治运动》，《大公报》1926 年 1 月 10 日。

"省民之身体，住宅，文书及其他各种财物，除现行犯或犯罪显有可证明者外，非经本人允许，不受搜索检查"。省民被拘押时，施行拘押处分之机关，最迟须于三小时以内以拘押理由通知本人。省民被拘押时，本人或第三者均得向法院请求于24小时内提至法庭审查理由，法院不得拒绝或延迟。

第三章　"省民之生计"。规定省民生计以均等为原则，于不妨碍社会秩序之范围内，得有生计上之自由。劳动者依法律得到特别保护，凡是因社会经济状况不能维持其生活者，或生计能力不足及因天灾事故减损其生活能力者，由省政府援助并监督之。凡有关公共生计之土地、河流、森林、堤防、仓库之管理、扩张、新建，为私人或地方财力所不及者，应由省政府负维护资助之责任。精神劳动之出版权、发明权、美术权，省政府认为有公共利益者，应特别保护。此外，大生产事业或天然富源及其他企业之属于独占性质者，省政府得依法律为相当之裁制或征收之。

第四章　"省之事权"。列举了18项省有议决及执行之事权。并规定国家立法事项，其施行法有不适用于本省者，得以省法变更其施行之程序。中央政府所定法律或对外缔约有损及本省之权利或加重负担，未经本省之同意者，得为适法之抗议。国家之军事行动及设备有涉及本省之利害者，应先取得本省之同意。

第五章　"立法"。规定法律案由省议会、省长，或各法定团体提出之。省议会议决的法律案，自送达之日起，省长须于十日内公布之。省议会议决的法律案，省长认为应交复议时，须于公布期内附以理由咨交复议。如省议会有出席议员三分之二以上仍执前议时，省长应即公布之。未交省议会复议之议决案，逾公布期限而未公布者，即成为法律。

第六章　"省议会"。规定省议会由全省选民直接选举产生。省议会有立法权、通过省预算及决算案等职权，省议会对于行政事项有疑义时，得向省长或省务院提出质问，并得要求省长或省务员出席答复；省议会认为监察员有违法行为时，省议会议员可提出弹劾案，经出席会议议员三分之二以上议决，交特别法庭审理之。审理结果如确有违法行为，应即宣告免职。省议会也可监督弹劾省务员以及其他官吏，并有权咨请查办。省议会与省务院对于政见有重大之争执时，须各将其理由明白宣布，付全省选民总投票公决之。前项公决后，省议会或省务院之一方被过半数否决时，应即自行解散或全体退职。

第七章　"省长及省务院"。规定省长由全省选民分区组织选举会选举之，现役军人不得担任省长。省长有发布命令、任免省行政官吏及奖励惩戒之权。但是省长发布的命令，除任免省务院长外，非经省务院长及主管省务员之副署，不生效力。省务院由省务院长及各司司长组成，由省长任命之。省务院对于人民之请求有答复之义务。省务员全体成员受省议会通过不信任案时，应即辞职。

第八章　"法院"。规定法院为本省一切诉讼终审机关，它受理民事诉讼、刑事诉讼、行政诉讼，及其他一切诉讼事件。法院用四级三审制，省设省法院，地方法院，初级法院三级，省法院长由全省选民分区组织选举会选举之。法官独立审判，无论何人，不得干涉。法院设陪审员。

第九章　"监察院"。规定监察院由监察员十一人组成，监察员由全省选民分区选举之。监察员对于省长，省法院长，省务院长、省务员以及行政，司法官吏认为有违法行为时，经监察员总额四分之三之同意，提出弹劾案，由特别法庭审理之。审理结果如确有违法行为，应即宣告免职。监察员有举发各项选举及官吏考试之舞弊情事。各选举区对于该区所选出之监察员不信任时，得由该区选民百分之一以上之提议，该区选民总投票过半数可决撤回之。

第十章　"审计院"。规定审计院审计员十一人，由省议会选举之，审计院主任，由审计员互选之。审计院之职责是接受各机关缴纳款项于省库之报告及签发各机关之领款书，随时检查收支簿据等。

第十一章　"财政"。规定本省各种税赋均为省收入，省务院依法征收之。省置省库，管理省之收支。它规定省务院非经省议会议决，不得募集省公债及增加省库负担或增添新税或变更税率。省务院须在省议会每年常会开会前编制次年度预算案，然后五日内交省议会议决。省之财政状况，应由省务院按月公告。

第十二章　"教育"。规定省民自满七岁至十四岁，应受省法规定之义务教育。省教育经费，至少每年应留出十分之三，为补助全省义务教育经费之用。补助教育，社会教育及其他教育事业之经费，应以省款补助者。

第十三章　"县"。规定县为自治团体，并为省之地方行政区域。在县之事权中列举了8项县须执行之事权。在县的收入一条中规定，省政府不得提用县之收入，县税如有不足时，经县议会之议决，得募集县公债，其用途以生产投资及灾荒救济为限。县设县议会，议员由全县选民直接选举，县议会对于县自治委员认为有违法行为时，提出弹劾案，付全县人民投票过半数可决时，被弹劾之县自治委员应即解职。各选举区对于该区所选出之县议会议员不信任时，得由原选举区选民十分一以上之提议，经该区选民总投票过半数可决撤回之。

第十四章　"特别市"。规定人口满十五万工商荟萃之区为特别市。特别市为自治团体。特别市设特别市议会及执行机关，其组织由市民选举产生。市民对于市之立法事项有直接提案权及复决权。

第十五章　"市乡村"。规定县治所在地或商工荟萃之区人口满一万以上者为市，其余为乡或村，均为自治团体，村之设置，须全村选民过半数之要求，由县议会决定之。市、乡、村为自卫计，得组织保卫团，

第十六章　自治法之解释及修正由省议会、省法院各选三人合议解释之。自治法修正案的提出，须经议会过半数之议决，交由全省选民总投票表决之。

第十七章　规定本法自宣布日施行。①

从浙江省自治法内容来看，体现了如下特点。

其一，充分体现了人民的民主权利并强调了人民的民主权利神圣不可侵犯。

如第二章第五条"省民之权利义务"中规定：省民在法律上无种族、宗教、男女阶级之分，一律平等。第八条中规定：省民之私有财产权，非依法律不受限制。第十二条、第十三条又规定：省民在不抵触刑法之范围内，有用语言、文字图书，印刷及其他方法自由发表意思之权。不受他种法令之限制。省民在不抵触刑法之范围内，有自由集会、结社之权，不受他种法令之制限。在第十六、十七、十八条中又规定：省民依法律有请愿、诉愿或提起行政诉讼之权；省民依法律有选举及被选举权；省民依法律有任各项公职之权。

其二，重视对弱势群体的保护，同时限制私人大资本对国家资源的独占。

---

① 《浙江省自治法》，《东方杂志》第二十三卷，第二号，第133—138页。

如第三章"省民之生计"第二十六条之规定：人民生计以均等为原则，于不妨碍社会秩序之范围内，得有生计上之自由。第二十八条中还特别增加了有关丧失劳动能力者的保护条文。它规定：凡具有生计能力，因社会经济状况不能维持其生活者，或生计能力不足及因天灾事故减损其生活能力者，由省政府援助并监督之。体现了省法对于弱势群体的保护。自治法第三十一条规定：大生产事业或天然富源及其他企业之属于独占性质者，省政府得依法律为相当之裁制或征收之。体现了发展国家资本主义的理念。

其三，大大扩充了省的事权。把许多属于中央政府的权利收归省来行使，具有联邦性质。

如自治法第四十一条、四十二条、四十三条、四十四条、四十五条等规定：其他关于省以内之事项，在不抵触国法之范围内，得由省制定法规并执行之。属于国家立法事项而国家法律未经规定者，得由省规定暂行法。国家法律已规定而尚未施行者，得以省法定期施行。国家立法事项，其施行法有不适用于本省者，得以省法变更其施行之程序。国政府所定法律或对外缔约有损及本省之权利或加重负担，未经本省之同意者，得为适法之抗议。国家之军事行动及设备有涉及本省之利害者，应先取得本省之同意。自治法大大扩充了省的职权，具有联邦制的性质。

其四，极大地提高了省议会的职权，特别是加强了省议会对于省行政部门的监督制约权。

如本法第六十四条第三款规定：省议会对于行政事项有疑义时，得向省长或省务院提出质问，并得要求省长或省务员出席答复。第五、第六款规定：省议会对于省务员可以提出不信任之决议；对于本省其他各项官吏有违法行为时，得咨请查办。该法第一百九条之规定：省议会对于省长，省法院长，省务院长认为有违法行为时，经监察员总额四分之三之同意，得提出弹劾案，由特别法庭审理之。审理结果如确有违法行为，应即宣告免职。

其五，十分重视发展教育事业。

省自治法，尤其重视教育的建设，在省财政经费预算中，加大了对教育的投入。在该法第一百二十九条中规定：省教育经费，每年至少须占全省预算案岁出总额的百分之二十五。第一百四十一条规定：省教育经费，至少每年应留出十分之三，为补助全省义务教育经费之用。

该法十分重视普及义务教育。该法第一百三十九条规定：省民自满七岁至十四岁，应受省法规定之义务教育。以上条款，对于推动本省教育事业的发展极为有益。

《省自治法》《施行法》及各种附属法制定后，省自治法会本想将法案提请省公署公布，并要求省议会通过方案敦促实行自治法。但是，1926年1月，省自治法会议自行公布了自治法。

省自治法会议不用省署的名义公布《自治法》，以自己的名义公布，是基于以下考虑：

第一，"浙江省自治法，原拟由省法会议咨送省长公布，现查浙江省自治程序法及浙江省自治法会议组织法，对于公布手续，均无明文规定，若由省长公布，恐外间引起误会，于本省自治前途，或有窒碍"。①

其二，可使省署见机行事，在适当的时候宣布实行自治。"业经官民两方本合作精神，协商一致，援照九九省宪成例，

---

①　《浙江省自治法定期公布》，《申报》1925年12月28日。

由省自治法会议自行公布，至各种附属法，俟一律议决后，咨送省长公布。夏省长经褚辅成宴请后，已表示根本赞成。"①

　　省议会对自治法会议要求敦促实施自治法的请求，心态比较复杂。第三届省议会一手促成了自治法的制定，但自治法若立即施行，意味着要改选现任省议会，使一部分议员席位不保。如果自治法悬而未决，则可使第三届省议会变成"长生议会"，故没有通过任何敦促实施自治法的方案。因此，省议会曾经竭力促成的"第三次制宪"，由于利害关系，大多数议员本身都不愿意自治法迅速制定完毕并付诸实施，更不用说要官厅去实行了。②

　　省自治法会议自行公布《自治法》以后，省内各自治团体组织了游行、庆祝大会等各种活动，庆祝自治法的公布。"十六日上午十时，浙省会公团联合会，在平海路省教育会开会，庆祝浙省自治法。又由各法团分子组织联治协进会"。浙省公团联合会发布通告："鄙会解决时局之主张，非厉行省宪，无以废旧图存，非联省自治，无以实行统一。"十六日晚间，各界举行提灯会，并放焰火庆祝。③

　　与此同时，自治法会议的核心人物褚辅成、沈钧儒等组织了自治同志会，期望加快自治法实施的步伐。"浙江省自治法现已全部告竣，一面咨送省公署刊载公布，一面并组织自治同志会，期望自治实效"。经过选举，选出"正主席褚辅成，副主席莫永贞，叶焕华"。自治同志会成立后，还派出代表赴省

---

　　①　《浙江省自治法定期公布》，《申报》1925 年 12 月 28 日。
　　②　沈晓敏：《处常与求变：清末民初的浙江咨议局和省议会》，生活·读书·新知三联书店 2005 年版，第 374—375 页。
　　③　《浙各界庆祝省自治法》，《申报》1926 年 1 月 17 日。

议会，要求该会也派出代表，加入自治同志会。"要求议会同人，亦推举同样人数，加入合作。"① 另一方面，自治法促进成员致电孙传芳，敦促省署公布自治法，以尽快实现浙江的自治。浙江绅商高自叔、盛竹书等，致孙传芳电云："南京联军总司令孙馨帅鉴，浙江省自治法业已制定宣布，查城镇乡自治，前清早已实行，此项下级自治机关，有俾地方，无碍政治，拟请电商夏省长按照自治法择要公布施行，以慰民望"。② 孙传芳企图以浙江自治为借口保住浙江地盘，因而同意公布浙江自治法，但是对于如何实施自治法却没有具体的答复，省法会精英们花了两年时间精心研制的浙江自治法不得不又束之高阁。

三　江、浙废督运动

（一）江浙废督运动的由来

废督裁兵运动的开展，是当时中国社会矛盾尖锐对立的结果。1926 年，袁世凯死后，北洋军阀集团分裂为直、皖、奉三大派系，除此而外，南方还有两广、云南、贵州、四川等地的军阀。军阀们在各地割据称雄，同时军阀相互之间为了争夺政权和势力范围，相互混战不已，1920—1924 年间，连续爆发了直皖战争，第一次直奉战争，第二次直奉战争。连年的混战，对中国的社会经济造成了极其严重的破坏，也给人民的生命财产带来了严重的危害。因此人民强烈希望能结束军阀专制混战的局面，要求实现国内的和平与民主。

---

① 《浙江组织自治同志会》，《申报》1926 年 1 月 5 日。
② 《浙绅耆致孙传芳电》，《申报》1926 年 1 月 14 日。

辛亥革命以后，尤其是第一次世界大战后，中国的民族资本主义经济有了空前的发展。

与此同时，中国民族资产阶级队伍也发展壮大。民族资产阶级迫切希望能有一个和平安定的经济发展环境。但是军阀连年的混战却严重阻碍了民族工商业的发展。而且军阀的军费开支，又成为民族资产阶级沉重的负担。有人统计，当时民族工商业制造品，一般要交纳 20% 的税。[①] 在军阀混战年代，民族资本主义经济受到的危害极大。因此，商人和军阀的矛盾尤为突出，绅商对于军阀专制和混战十分的憎恨和不满，他们强烈要求废督裁兵。

江浙地区历来是全国经济文化较为发达地区。进入近代以来，杭州、温州、宁波又先后被辟为通商口岸，江浙两地"地殷民富"，浙江又毗邻上海，上海既是全国的金融、对外贸易中心，又是国内主要的鸦片消费市场，"每月光鸦片收入就能养活三师人"。因此，自 20 世纪 20 年代以来，军阀为争夺江浙地区相互之间的混战从未间断过，1924 年发生齐燮元与卢永祥之间的江浙战争，1925 年又爆发孙传芳与张作霖奉系之间的浙奉战争。军阀混战，给当地的社会经济、人民的生命财产造成极大的危害。所以江浙人民对于督军、督办等地方军阀头目深恶痛绝，希望废除之，实现和平安定的生活环境。

中国的废督运动由来已久。自 1916 年黎元洪任大总统，政府改各省督理军务长官为督军后，各省督军便凭借手中之权，肆意扩兵，侵夺民财。按照黎元洪的说法督军有五害："（1）兵多生乱；（2）耗财无数；（3）争夺军权，仁义丧尽；

---

① 郭绪印：《略论废督裁兵运动》，《上海师范大学学报》1985 年第 2 期。

（4）干涉省政，影响民治；（5）与政客勾结，致酿争端"。①
因此，20 世纪 20 年代初，全国曾兴起废督运动。如北京、上
海、武汉、长沙广州等地均组织了国民裁兵促进会、国民裁兵
筹备会、国民裁兵期成会和国民裁兵委员会。② 报界亦以"废
督裁兵"为口号加以宣传。北京政府则曾以此为训令和和议
代表为谈判条件。③ 1920 年，浙江省督军卢永祥发出所谓歌
电，首先倡议废除督军。"取消督军，请自永祥始。"④ 卢永祥
废督之议一起，全国各政治团体和地方军阀势力纷起响应。孙
中山致电卢永祥，称："督军制不适合共和，一语破的。废督
之要求，在今日已成为有力之舆论。惟身任督军而肯牺牲个人
权利以救国者，实以此为第一声。"⑤ 安徽督军倪嗣冲也致电
政府："卢督既请废督，何不先自请免职，为天下倡。中央何
不先废浙督实验。"⑥ 但是，北京政府则因为各省对废督问题
态度不一，决定暂缓实行。1922 年，随着时局的演变，全国
废督运动又进入高潮。1922 年第一次直奉战争后，直系为了
掌控北京政权，意欲恢复旧国会，但总统徐世昌极力阻挠，作
为新直系的成员孙传芳在 5 月 28 日发出通电：认为"统一之
归束，即当以恢复法统为捷径。"提出请黎元洪复位，又电请
南北两总统同时下野。齐燮元也致电徐世昌，请其下野。冯玉

---

① 金普森编：《浙江通史·民国卷》（上），浙江人民出版社 2005 年版，第
224 页。

② 赵锡荣：《废督裁兵政治思想述评》，《河南师大学报》1986 年第 3 期。

③ 金普森编：《浙江通史·民国卷》（上），浙江人民出版社 2005 年版，第
224 页。

④ 同上书，第 223 页。

⑤ 同上。

⑥ 同上。

祥、田中玉等直系将领纷纷通电赞成。1922 年 6 月 2 日，徐世昌通电辞职。吴佩孚则电邀黎元洪复职，恢复 1917 年国会。同日，黎发长电，以"废督裁兵"为其复职之先决条件。曹、吴等人均复电赞成。因卢永祥首倡废督，所以不愿为人诟病，于是决定践言废督。1922 年 6 月 15 日，卢永祥召集浙江省省议会议员、县议会议员以及商会、教育会农会等各大团体和省厅各级官员、报馆记者等 200 余人开会，当即宣布取消督军，改为督办。卢永祥宣布废督后，得到浙省各界热烈的响应，旅沪浙人姚吾刚等一面称赞卢为"全国军人之模范"，一面希望他力行裁兵。并督促省自治之实现。[①] 但是，废除督军的名号容易，裁减军队兵员实属难事。北洋军阀统治时代，枪杆子里出政权，军队是夺取地盘和政权最得力的工具。各地的军阀无不把军队看作自己的命根子。因此要裁撤军队等于是要了军阀的命根子。任何一位军阀都是难以做到的，卢永祥也是如此。卢永祥废督后，非但裁兵未见实现，相反却有第四师和第十师扩军。尽管浙省民众为了促使浙江的裁兵运动有所推进，成立了浙江国民裁兵运动会的组织，但军阀卢永祥裁军有名无实，1920 年浙江的废督裁兵运动无果而终。

（二）1925 年江浙废督运动的再兴起与孙传芳下令废督

1925 年底，江浙地区再度兴起废督运动的高潮。1925 年 11 月，饱受军阀战祸之苦的江浙人民一方面通过省自治会制定省宪，锲而不舍地努力实现省自治，另一方面又极力呼吁江浙有关军政当局废除督军、督办、巡阅使等官职，实现军民分

---

① 金普森编：《浙江通史·民国卷》（上），浙江人民出版社 2005 年版，第 226 页。

治，本省人治理本省。"东南通信社云，苏浙皖赣等五省人士连日运动废督颇为热烈，尤以苏浙两省人为最。前日下午四时褚辅成等又为此来邀集五省人士会议预拟之办法。拟将五省军权统一举孙传芳为总司令。同时将五省督军废除，民选省长。俟将孙传芳来沪时，即将此项主张推派代表面商。"① 1925 年11 月 28 日，江浙士绅又致电孙传芳，要求废止所有督办、帮办、某省总司令、护军使、镇守使等名称，以后不再设置。"南京孙总司令钧鉴，闻公凯旋，群情欣慰，同人为两省久远治安问题，先就目前善后办法，条陈两事。最近两年，战祸皆起于江浙区域，为杜绝以后纠纷计，军事权限，不宜分歧，今后江浙两省军队，应请以五省总司令名义负责，直接指挥，所有督办、帮办、某省总司令、护军使、镇守使等名称，一律取消，不再设置。"② 江浙绅士开展的废督运动，虽然反映了江浙资产阶级渴望和平，希望有一个安定发展工商业的环境，具有一定的进步性。但是他们把废督裁兵寄希望于孙传芳这样的"强权军阀"，又显得尤为幼稚。1925 年 3 月，北京段祺瑞政府为了抵制孙中山的国民会议召开了善后会议，各省代表又重提废督裁兵的倡议。但是孙传芳则提出了反对"废督裁兵"的宏论。他指责那些倡言废督裁兵者是"是不近人情，不切国情，而与虎谋皮也。投合群众心理，自负裁兵之责，是不问其子之贤不肖，而惟以大义灭亲自诺也"。"近之议废督裁兵者，牵涉至繁，顾虑至周，意在求详而督与兵之祸乃愈久。"他认为：督军与士兵本不是国家的祸患，祸国者，实因军队变成为督军和师旅团长的私有军队，没有受过教育和军纪约束的

---

① 《五省人士之废督运动》，《申报》1925 年 11 月 26 日。
② 《江浙士绅致孙传芳电》，《申报》1925 年 11 月 28 日。

士兵才形同于土匪。"祸国者乃兵不为国有，而为其督与其师旅团长之私有。兵非祸国之物，本为共与无教育无纪律实同于匪之兵，乃足以祸国。"他提出了不用废督裁兵的办法：将各省军务督办及师长旅长同时对调邻省，三年任期满，再度调动，军队由陆军部制定检阅兵械条例，由各省派军官会同法团代表检阅，核定各省兵额，分别遣留。"救前之祸，惟觉将各省军事督办调任邻省以外，将各师旅长同时调至邻省。新督办新师旅长接任之后，再将各席之团营连排长调至邻师，军长实统数师之众者。仍暂调为师长而以督办记，名候补师长，实统不及一师之额者。如其兵额定其等级，为相当之调任，并定三年任满必调之制。"如此调配，军队就不会成为督军与师旅团长的私有物品，同时土地人民与士兵俱成为国家所有。"不必废督，督即为国捍卫，不为国祸矣。"他还提出由陆军部制定检阅兵械之条例。一面由每省各派军官二十四人，分派到二十一省及特别区。一面由各省各法团公推二十四，以四十八人合组检阅兵械委员会，分成十二组，每组四人，分赴十二路。按照部定条例，秉公认真逐兵逐械严密检阅，每一兵一械之去留，必得委员三人以上同意，合者留之。不合者，械则销毁，兵则资遣。因汰兵失职之将校，听其志愿，或留军候补，照支原饷，酌给年俸，回籍候调。他说："如每日以检阅三百人计，可检阅三千六百人，一省虽有十师，一月检阅可毕，而各省之军额定，然后再定旧兵一年退伍。补充善后，地方征送，统兵者不得私自招募，及按照此次定额，准减不准增之例。"如此一来，就可使军队成为国家的军队，将领亦会为国家效力。"则所留者皆可用之兵械，又执之以无所私之长官，不必裁而兵即为国有，不为国祸矣。"孙认为如照他的办法办理，自督办到师旅团营连排长地位依旧，兵权仍在握，就不会发生兵变或不利于中央政权的局面。"苟非阴怀割壤之私，必无倡言反抗之理。"士兵皆为好兵，用以捍卫国家安全。"兵之良者，国家正望其多留，其不良者，好兵必羞与为伍。虑前法者，或疑兵非所部不易统驭，是殆未知驭兵之原则。诚无自私自利之心，又能不同甘苦之义，则何兵不为我死。苟不然者，即旧部亦岂为我用，况在今日，兵在必裁，顺潮流耶，旧人岂无所惜，怜部曲耶，大势又不相容，又况尾大之际。诸侯既不尊周，陪臣亦执国命，然则日对有挟之旧部。何如别开无碍之新基。"同时他又提出："可兼采前代部选掣签之法，由各省各派代表，限一个月内，齐集京师，由执政监同掣签，掣得邻省者，悉以互换定之。并限一个月离旧履新，高蹈辞职者，别由政府报以极元，崇之京秩，并为葺治府第，但必到京供职。少数如或反抗，以多数制裁。万一反抗者多，则是觉悟者少。则是上不欲奉政府，下不欲恤人民，佣兵者既有如此顽强之表示，我执政不能弭刬，亦岂忍造刬。我人民不能逃死，亦岂能待死。此后祸至何等，国为何状，既非传芳所忍书。"①

孙传芳在电文中还大力吹嘘自己带兵有方。虽"军事知识至微"，但是"将士则相依如命，所部虽仅两万，自信颇如一人"。明明是拥兵自重却说是"如此患难相随之部曲，何忍辄为舍去之主张，所以自献此策者，盖为国不得不然，且所部尚明大义，本来即为国有也"。他吹嘘说如按照他的办法施行，"诚采鄙言，督之祸则可除。兵之祸则两月可尽"。最后孙传芳还表示："传芳求尽个人对国家之天职，声贡快刀斩乱麻之直言，凡我袍泽，如表同情，不以不朽让人，肯为自动电请者，传芳必附冀以求彰，倘欲鼎美于上，而为多数赞同者，

---

① 《孙传芳反对空言废督裁兵电》，《大公报》1925 年 4 月 5 日。

传芳必惟众之是命。再者设俱无望，一隅惟且自全。必使三军尽为有教育有纪律之兵，且时诏以为国有勿为私有之义，以待天意悔祸，人心厌乱。有能贯彻鄙见之日，追随众贤之后，若夫朝易一名，暮史一号，是换汤不换药也。"① 很显然，孙传芳关于"废督裁兵"的设想完全是为了保全自己的军队实力，拥兵自重之谈。但是其中也不乏创新之见解。如各省军队对调，将领对调，对削夺督军的军权也属有用之计。

　　孙传芳在做了江南五省总司令之后，一方面为了将江南五省打造成他个人统治下的独立王国，形成与北京中央政府分庭抗礼的地方割据政权，另一方面在江浙民众强烈要求废督裁兵的呼声中，为了表示顺应民意，孙也不得不做做表面文章。他表示："对废督大致可同意，惟部下有功者，不能不谋安插。"② "远东通信社昨居联军某要人消息谓五省联军既脱离北京政府，关于军民两政不可无一最高主持之机关。闻五省联军之将领拟请孙传芳在宁垣组织一军务处，主持一切。但是孙氏本人意拟实行废督，驻防各省之军队皆以该军总司令名义统帅之。民政则交还该省人民推选相当人物任之，由此实行军民分治。"③ 1925 年 11 月 25 日，孙传芳在南京召开军事会议，他一方面宣布废除督军、督办等名号，另一方面将各省的督军改称省总司令，并大肆分封五省地方军政长官。如任命周荫人为福建总司令、卢香亭为浙江总司令、陈调元为安徽总司令、邓如琢为江西总司令。在东南五省的范围内，各省军事最高长官称总司令，不称督办，以示与全国其他省的区别。而且，孙传

　①　《孙传芳反对空言废督裁兵电》，《大公报》1925 年 4 月 5 日。
　②　《孙传芳对废督之表示》，《申报》1925 年 11 月 27 日。
　③　《联军将设五省军务处说实行废督》，《申报》1925 年 11 月 26 日。

芳的以上任命，已改变了中央政府的任命。中央政府任邓如琢
为安徽督办，他却以五省总司令的名义任命邓如琢为江西总司
令，以陈调元为安徽总司令。这也已经露出迹象，表明东南五
省是孙传芳的，不是段祺瑞北京政府的。

　　另外，孙传芳又以五省联军总司令的名义，任命了五省的
最高民政长官：任命陈陶遗为江苏省长、夏超为浙江省长、王
普为安徽省长、萨镇冰为福建省长、李定奎为江西省长。虽
然，孙传芳以上命令废了督军、督办的名号，但是换汤不换
药，仅仅是把督军改称为总司令，军阀专制的实质并没有改
变。同时孙传芳虽实行了军民分治，省政与军事分开。但是也
难改变军阀干政的局面，而在军阀的统治下，难以实现真正的
民主政治。

四　北伐时期浙江自治运动再度高涨

（一）北伐初期孙传芳响应和平采取中立政策

　　北伐战争前及初期，孙传芳严守中立的立场，不加入战争
的任何一方，没有出兵帮助吴佩孚。

　　1926 年 6 月，孙传芳在南京召开的五省高级军事会议上
决定："（一）无论何方军事，均主以消极眼光应付之；（二）
继续严行保持现有局势，不加入任何战涡；（三）关于苏鲁剿
匪事，决由双方会同兜剿，但双方军队均不得越境，以免发生
误会；……（五）谢鸿勋部加意保护津浦交通；（六），对西
北战事，决取旁观态度，且不加丝毫表示。"①

---

①　王晓华：《孙传芳在北伐战争中失败原因初探》，《浙江学刊》1988 年第
6 期。

7月中旬，"盛传孙传芳正在征求苏、浙、闽、皖、赣五省军阀的意见，准备联合提出全国停战议和的建议，其具体条件为：（1）与冯军进行停战谈判；（2）劝唐军勿进岳州；（3）奉鲁军由北京撤退，并规定首都永不驻兵；（4）召开国民会议，解决南北问题"。① 吴佩孚听到这个消息，大为震惊，他急忙打电报给孙传芳，证实有无此事，孙传芳立即回电否认此事。然而7月27日，孙传芳又致电吴佩孚：对湖南战事表示了委婉的拒绝。"目前闽赣吃紧，对湘事不能统筹兼顾，只能为相当之援助，仍请我帅自行主持。"② 同时，孙传芳还密电东南五省督办，指示他们一定要采取"保境安民"的政策，他还授意江浙协会，向北伐军表明："孙帅为使东南五省不睹锋镝，决不与任何方面为敌。"③ 孙还对外界宣称："湘战为湘省内部问题，绝对恪守中立，采取不介入主义……至此次国民政府出兵援湘，实为自卫，无所谓北伐。"④ 尽管北伐战争初期，孙传芳对湘战持消极态度，但不表明孙传芳是和蒋介石站在同一条战线上。处于维护北洋军阀集团整体利益的考虑以及反革命的政治立场，他并没有倒向国民政府，而是对蒋介石也保持着高度的警惕性。他暗中指使周荫人（福建）、邓如琢（江西）军队向边界运动，牵制北伐军。并告诫蒋介石："湘人治湘，历有年所。炎午返湘，必能息事宁人，南师北旅，均宜互相约束，对于湘战严守中立，勉致引起纠纷。""至赣邓（如琢）窥粤之说，必致传闻之误，吾兄若将赣边粤军撤回和

---

① 邵维国：《孙传芳传》，黑龙江人民出版社2001年版，第312页。

② 同上。

③ 曾宪林：《北伐战争史》，四川人民出版社1991年版，第143页。

④ 王晓华：《孙传芳在北伐战争中失败原因初探》，《浙江学刊》1988年第6期。

璞，必能阖境自安。"①

1926 年 8 月 22 日，北伐军占领长沙后，又攻占岳州。此时，吴佩孚虽已解决南口战事，但在湖南战场上兵力有限，急需孙传芳军派兵援战，所以，他一面急切地去电孙传芳，请求他到武汉商谈共击北伐军事宜，同时指示杜内阁升任孙传芳为上将军，以示笼络。但孙传芳仍然以"目前闽、赣吃紧"为理由，表示"无力遥顾湘战"。② 吴佩孚不相信孙传芳如此决绝，再次派人去南京请求孙传芳出兵，但孙传芳态度很明确："不愿意与任何方面为敌。"③ 孙还声称："目前决无派兵赴湘之意。"④ 他还振振有词地说："余素以保境安民为宗旨，今因湖南扰乱，恐牵动赣境，破坏和局，不得不增兵防守。倘人不犯我，我决不攻人。此系余既定政策，断不易改。"⑤

　　孙传芳之所以保持中立立场，是出于他的以下考虑。

　　其一，直奉战争后，孙传芳正在东南五省搞门罗主义。

　　门罗主义，是美国总统詹姆斯·门罗在 1823 年所提出的，意即，美国不介入欧洲各国之间的争端，但是如若欧洲各国侵入美洲各地，美国将视其为敌人。孙传芳将美国的门罗主义借用过来，搞出个东南门罗主义，就是不允许别的军阀染指东南五省，妄图独霸东南五省。他声称："中国非统一不可，予将

---

　　①　王晓华：《孙传芳在北伐战争中失败原因初探》，《浙江学刊》1988 年第 6 期。

　　②　邵维国：《孙传芳传》，黑龙江人民出版社 2001 年版，第 314 页。

　　③　同上。

　　④　同上。

　　⑤　王晓华：《孙传芳在北伐战争中失败原因初探》，《浙江学刊》1988 年第 6 期。

以东南门罗主义渐次施及全国。"① 这是他企图建立东南五省统治的宣言。孙传芳在浙奉战争后，占据苏、浙、皖、赣、闽五省的地盘，这是江南最富庶的地区，也是全国经济最发达的地区。对此孙传芳心满意足，他只想长久地保有他的地盘，不被他人染指。因此他在多种场合发表演讲，申明他不愿意卷入他人之争战，也不容许其他军事力量侵犯东南五省地盘。"今后以徐州为大门，施行闭门主义。讲求内治，以民意为依归耳。"② "所以我抱定宗旨，在这种混战的局面之下，任何方面，我都不参加，决计以五省为范围，保境安民，以全副精神来整顿内政。"③

其二，孙传芳正在东南五省整顿内乱，巩固他在东南五省的统治。

孙传芳虽占据东南五省，但五省内各地方军阀势力与孙传芳貌合神离，五省内部矛盾重重。"不过孙氏本身的力量太薄弱，他虽号称五省联军总司令，实际上要想真正指挥一省也不可能。"④ 福建周荫人、江西邓如琢、安徽的陈调元与孙传芳均属同床异梦。浙奉战争之前，他们与孙之间仅仅因为共同抵制奉系的南侵而暂时联合在一起，一旦奉系赶出了江南，他们就与孙传芳心怀异志。"江西邓如琢，安徽的陈调元，福建的周荫人，浙江的夏超，不用说是不会奉命惟谨，如白宝山周凤岐之流，也是不能完全听他的命令的。当他前两星期想调大军入赣坚决表示态度之时，周凤岐白宝山等便暗地反对，邓如琢

---

① 《孙传芳抵沪之通电》，《申报》1926 年 5 月 4 日。

② 《县联会代表由杭返沪》，《申报》1925 年 12 月 20 日。

③ 《孙传芳昨假总商会招待各界》，《申报》1926 年 5 月 6 日。

④ 《政局将变化中孙传芳的态度》，《向导》1926 年第 166 期。

表面上虽欢迎调军援赣，但是实际上昨日是挡驾的。尤其对于
王意，因此孙传芳只好暂时沉默。"① 所以，孙传芳当务之急，
是如何巩固江南五省的势力范围。他利用了江南人民厌恶战
争，强烈渴求和平的心理，极力表白要保境息民，亲仁睦邻，
不卷入他省的战争。"窃愿划境以自安，数月以来，迭电申明
人不犯我，我绝不犯人，皆本息事宁人之指，为保境息民之
计。……自兹以往，若亲仁睦邻，各安其域，各行其心之所
安，以抚其民，固所愿也。"②

第三，孙传芳对吴佩孚心存异志，孙打着坐收渔人之利的
如意算盘。

孙传芳并不是吴佩孚的嫡系将领，他和吴佩孚之间仅仅是
相互利用的关系。而且孙传芳对于吴佩孚的联奉伐冯政策甚为
不满，因为孙传芳对于张作霖的奉系始终保持着高度的警惕
性。奉系的张宗昌在山东陈兵十万，对孙传芳构成极大的威
胁。因此，孙传芳主张联冯伐奉，这与吴佩孚的宗旨大相径
庭。孙吴之间嫌隙颇深，湖北的军阀王占元对孙传芳有提携之
恩，孙对其怀有感激之情。直鄂战争时，吴佩孚出兵夺取了王
占元湖北的地盘，孙传芳为此心怀不满，但忌惮吴佩孚的武
力，敢怒而不敢言。所以，孙传芳对于吴佩孚始终是心存异
志。更何况，孙传芳心里还打着小算盘，那就是当吴佩孚与北
伐军打得两败俱伤时，他再出兵坐收渔翁之利。

其四，孙传芳与广东的蒋介石暗通款曲保持着密切的联
系。这也是孙传芳保持中立的重要原因。

孙传芳为了实现他的东南门罗主义，采取了与各方交好的

---

① 《政局将变化中孙传芳的态度》，《向导》1926 年第 166 期。
② 《孙传芳抵沪之通电》，《申报》1926 年 5 月 4 日。

策略。对于广东国民政府尤其是他外交战的重点。1925 年 12
月，孙传芳曾派王季文为代表到粤会见蒋介石。① 孙传芳对
1926 年蒋介石的"清共"行为大加赞赏。"孙总司令前以蒋介
石处置中山舰事件极为钦佩……蒋氏对孙氏表示亦极好。"②
1927 年 2 月、5 月，孙两次派人赴粤与广东国民政府"修
好"。7 月，孙传芳派人赴沪和粤方代表商洽，并致电蒋介石，
"希望不用北伐字样，不侵犯闽赣"。③ "但求保境，各方均可
合作……惟反对共产"。④ 而以蒋介石为首的北伐军统帅部在
分析了北洋军阀各派军事力量的实力对比时认为："苏孙形势
虽占有五省地盘，然内部团结未固，本已势力有限，奉张及齐
燮元又眈眈伺机而动，孙氏非不得已，决不敢言战。总则我不
攻赣，孙氏对我亦无积极动作。"⑤ 因此，北伐军统帅部制定
了先进攻两湖，解决吴佩孚，后进攻江西，解决孙传芳的战
略。为了稳妥地实现此战略目标，广州国民政府还采取了远交
近攻的外交方针。对孙传芳，蒋介石最初采取安抚的政策，承
认其在东南五省的统治地位，希望其采取中立的态度。1926
年 8 月 12 日，蒋介石亲自致电孙传芳，蒋以承认孙传芳"五
省总司令"地位相许，劝其顺应革命潮流，不要依附吴佩孚
黩武乱国。电文中称："兄以苏、浙、皖、赣、闽五省之治安

---

① 杨天石：《蒋介石与北伐时期的江西战场》，《中共党史研究》1989 年第
5 期。

② 王晓华：《孙传芳在北伐战争中失败原因初探》，《浙江学刊》1988 年第
6 期。

③ 杨天石：《蒋介石与北伐时期的江西战场》，《中共党史研究》1989 年第
5 期。

④ 王晓华：《孙传芳在北伐战争中失败原因初探》，《浙江学刊》1988 年第
6 期。

⑤ 同上。

自任，若能顺应革命潮流，以保五省人民之幸福，中正必请于政府，承认兄为五省之总司令。"① 同月，蒋介石又派国民政府驻沪代表何成浚和孙传芳接洽，要求孙有明确表示与国民军的合作，或提出加入国民政府的条件。② 8 月下旬，蒋介石的代表何成浚与孙传芳在南京会谈，何成浚代表蒋介石向孙提出："广州政府委任孙传芳为东南五省首领，要求孙军自江西西进，会同国民革命军夹击湖北，会师武汉。"孙传芳则要求："北伐军退出湖南，将湖南作为南北缓冲之地。"③ 会谈中，孙传芳表示，赞同孙中山的三民主义，但坚决反对共产主义。④ 孙对于何成浚提出的具体合作意见未做答复。9 月初，国民政府代表张群再次奔赴南京，劝说孙传芳与国民政府合作。孙传芳表示不能接受国民政府的任命，但又声称：愿保持和平中立，孙的心腹顾问杨文恺则提出三条办法，其内容为：在现下不犯入其辖境；将来与广东国民政府立于对等地位，商量收拾全局；粤方"须表明非共产"等。⑤ 孙提出的条件，国民政府自然不可能接受。因此孙蒋之间并没有达成军事合作的目标，蒋孙之间的谈判虽然没有促使孙传芳倒向国民政府，但至少使孙传芳保持了中立的态度，"闽粤两省互不攻击，并密约对付奉鲁军阀"。⑥ 延缓了孙传芳援助吴佩孚的军事行动，

---

　　① 浙江省档案馆编：《浙江民国史料辑要》上册，（内部印行，年代不详），第 435 页。

　　② 杨天石：《蒋介石与前期北伐战争的战略策略》，《历史研究》1995 年第 2 期。

　　③ 同上。

　　④ 同上。

　　⑤ 同上。

　　⑥ 邵维国：《孙传芳传》，黑龙江人民出版社 2001 年版，312 页。

使北伐军可以集中兵力击败吴佩孚军事集团。

（二）江、浙和平自治运动

1926年9月，北伐军与孙传芳的五省联军交火，北伐军攻占萍乡，孙蒋大战全面爆发。对于东南大战即将开始，江浙各界人士忧心忡忡，为了使江浙大地避开战争，他们发起了大规模的和平自治运动。江浙和平自治运动的发起者为上海的全浙公会，苏、浙、皖三省联合会和浙江省第三届省议会。这三个组织虽然都主张和平，愿意实现浙江自治，反对外省军队进驻浙江，但是他们的政治倾向略有不同。褚辅成等人曾与广州国民政府有过较多的联系，倾向与北伐军合作。而浙议会对孙蒋军队都持反对态度，他们反对将浙江卷入任何一方面的战争，希望双方军队均撤出浙江，并实现浙江的完全自治。与此同时，浙江境内还成立了"浙江和平统治联合会""浙民自决会""江浙协会""浙江自治同志会"等，他们强烈要求孙传芳允许浙民自治，将"浙省还诸浙人"。

1926年9月8日，褚辅成领导的上海全浙公会召开紧急会议，会议制定了四条办法：（一）国家根本，由国民会议解决；（二）共同阻止奉军南下；（三）双方各守疆界，不相侵犯；（四）国民会议未开以前，双方各就范围，整理内政，不相干涉，如有关于国家大事共同商榷。同时，会议决定派蒋簠尊、殷铸夫、沈田莘三人前往南京与孙传芳接洽，转述会议之精神。并派代表褚慧僧前往上海面见蒋介石驻沪代表何成浚，转达全浙公会之意。1926年9月9日，上海全浙公会电请"孙蒋双方维持和平""敬告孙蒋双方无冲突的必要"。① 9月

① 陶士和：《民国浙江史研究》，陕西人民出版社2003年版，第114页。

10 日，殷铸夫、陈其采在南京与孙传芳晤谈，孙传芳表示："只须蒋中正将入赣境之部队完全退出，我决不追赶一步。"①全浙公会在得到了孙传芳停战的许诺后，于 9 月 11 日再度召开董事会，会上，殷铸夫对南京之行作了详细汇报，他认为和平仍有希望，当务之急，是抓紧时间敦促交战各方停止军事行动，拒绝奉军南下，为了扩大宣传面，吸引五省各方人士和重要团体都参加到和平运动中来，同时也为了更有效地制止战争，会后全浙公会分别给孙传芳、蒋介石、张作霖发出三封电报，呼吁他们顺应民意，命令大军暂缓行动，以接洽和平。9月 13 日，派蒋尊簋、魏炯奔赴汉口去面见蒋介石，希望蒋介石也命令北伐军撤退、停止战争。9 月 14 日，全浙公会邀集旅沪的东南五省知名人士开会，提出"为了贯彻和平主张，组织大规模的民间团体，提倡民治"，"对内则为五省保元气，对外则为国家养实力"。决定推举和平代表，赴汉口，广州接洽一切。② 同日，蒋介石复函表示："此时要求孙调回援赣各军为第一步办法。如其有和平诚意，即使全赣为敝军占领，亦可归还其范围，敝军只要其不侵犯粤湘境也。"③

　　全浙公会在得到孙蒋双方的停战承诺后，欢欣鼓舞。但是江西战场上的局势不容乐观，蒋介石率领的北伐军初战告捷，正准备再接再厉，攻克南昌、九江，而孙传芳却联合了直鲁联军，准备与北伐军决一死战，与此同时，孙传芳为了求得舆论的同情和支持，也频繁地与江浙民间团体进行函电往来。为了

　　① 陈美祥：《北伐军入浙前后的全浙公会》，《中山大学研究生学刊》1997年第 1 期。

　　② 陶士和：《民国浙江史研究》，陕西人民出版社 2003 年版，第 114 页。

　　③ 陈美祥：《北伐军入浙前后的全浙公会》，《中山大学研究生学刊》1997年第 1 期。

避免战祸蔓延到江浙，全浙公会时常派代表穿梭于南浔武汉之间，以求蒋孙之间早日停战。10月1日，全浙公会又派出和平代表张一麟、史家麟、赵正平、魏炯各向孙传芳、蒋介石发出一电，呼吁双方正式宣布停战："代表等认东南和平有保持之必要……然欲促和平之实现，应请进一步为停战之宣言。"①

1926年10月，由于江西战事日益激烈，和平的希望日渐渺茫，江浙的和平运动进入高潮。10月12日，全浙公会在宁波旅沪同乡会召集上海20多个团体发起"东南和平运动联合会"，该会向全国发表"东南和平运动联合会宣言"，表明和平实现的根本途径是发扬主权在民精神，将各省政权归还国民。② 在此宣言的倡导下，浙江的和平自治运动轰轰烈烈地展开了。

10月15日，鉴于江西战局日趋紧张，战祸有可能蔓延至江浙，浙江自治会再次向蒋孙发出和平呼吁电，电文指出："就政治根本论，武力难继，尤宜早植地方自卫之基。为长江谋安宁，为战事谋缓衡。远规全国政治前途，近纾赣省目前战祸。"他们主张蒋孙双方的军队撤出江西。"惟有吁请两方军事当局各将现在分布赣省地面军队悉数撤退至江西省境外。"并声明"以赣省土地政权还之赣省人民，请其自行召集本省公民代表开会，议决一切善后事宜，组织一切省法机关，庶几主权有属，内乱自消"。③ 从其宣传的宗旨来看，浙江自治会主张赣人治赣，浙人治浙，把东南五省的政权交还给人民，实

---

① 陈美祥：《北伐军入浙前后的全浙公会》，《中山大学研究生学刊》1997年第1期。

② 陶士和：《民国浙江史研究》，陕西人民出版社2003年版，第115页。

③ 《浙自治会呼吁和平电》，《申报》1926年10月15日。

现人民当家做主。但是在战争的环境之下，浙自治会等提出的主张，无疑是天方夜谭。

为了争取东南五省和平的实现，自治派作出了不懈的努力。1926年10月，全浙公会又派蒋尊簋等和平代表在蒋、孙之间继续斡旋，以求和平早日实现。蒋尊簋等向孙传芳和蒋介石提出和平条件：（1）停战；（2）撤兵；（3）划分缓冲区域。

10月中旬，蒋孙之间又开战，浙江局势动荡不定，浙江自治派为避免战争蔓延到浙境，为浙江父老求得一个和平安宁的环境，全浙公会的褚辅成、殷汝骊联合了浙江绅商，向孙传芳发出删电，请求孙传芳迅速停止赣战，命令浙军返回浙江。

同时，他们还致电浙江实力派将领陈仪、周凤岐，请陈、周二位率部回浙。"窃为欲求和平停战之实践，惟有以原有各省军队还保各省人民。……恳祈迅令浙军第一、第三两师克日开拔回浙，以卫桑梓。"①

1926年12月北伐军在江西重创孙传芳的五省联军之后，又所向披靡地攻入浙境，孙传芳调集大军围堵迎战，浙江大地顷刻即为战场，浙江自治派忧心如焚，向孙传芳发出急电，请求其率军离开浙江。电报曰："浙民自决会昨特致南京孙传芳电云，连日苏浙风云忽又紧张，沪杭道上军需络绎，双方军队节节布防，今晨临平附近铁道又断，居民已若惊弓之鸟，扶老携幼纷纷逃避，若大难之将临，嗟我人民又遭浩劫。窃思麾下早已宣布尊重浙人自治之旨，今浙民既已宣告自治，则浙省之事可由浙民自处，以示麾下保境安民爱护浙人之本旨，务乞令入浙联军撤回原防，留杭嘉为缓冲之地，免人民遭兵燹之苦，

---

① 《浙议会对时局问题之讨论》，《申报》1926年10月18日。

则麾下所赐百世自有公论，也临电神驰诸惟自裁云云"。①

尽管江、浙的和平自治运动具有反军阀争民主的性质，但是他们试图在孙传芳和蒋介石的刀锋下，乞求浙江的和平和自治，未免显得太过天真。

（三）孙传芳刀锋下浙江自治政府的成立

孙传芳镇压了夏超独立事件后，他并未迁怒株连浙江地方自治势力。为此浙江省议会副议长祝绍箕和杭总商会等还联名致电"感谢"孙传芳"明如烛照，罪惟一人"，"仁心恺恻，大度渊涵"。② 时人有评论说："这回的浙江事变，发动以后，不及旬而解决，地方秩序未大乱，损失亦不甚大。立于浙苏两省人民的地位而说话，可算是不幸之幸。"③

为了安抚日趋涣散的地方派军人和日益不安的地方绅商，孙传芳安排陈仪所属浙军第一师和周凤岐浙军第二师返回浙江，将部署在浙江的嫡系部队全部撤至沪杭、沪宁线一带，表面上看似要撤出浙江，实则严阵以待，随时准备反击北伐军的入浙。同时，孙传芳在舆论上大造声势，他多次发表声明，表示要将浙政还诸浙人，"宁方（孙传芳）意旨，浙政还浙，本系夙愿，自治固无不可，但须负党军不入浙境之责任"。④ 企图借此讨好拉拢浙籍军人和自治势力，缓和与浙江地方实力派的矛盾，同时不给北伐军入浙以借口，把破坏浙江自治的责任推给北伐军。

---

① 《申报》1926 年 12 月 16 日。
② 《杭绅商会议浙局善后》，《申报》1926 年 10 月 26 日。
③ 《杂评》，《东方杂志》二十三卷，第二十二号。
④ 《杭州快信》，《申报》1926 年 12 月 13 日。

　　在这种有利的形势下，浙江自治派加紧了自治活动。他们暗中联络浙江实力派将领陈仪和周凤岐，希望借助他们来实现浙江的自治独立。浙一师师长陈仪治军有方，每到一地驻防，对百姓秋毫无犯，军民关系十分融洽，在浙江绅商中有较高的威望。陈仪担任浙江省省长后，很想为家乡的父老乡亲谋求一个和平安宁的环境。陈仪早年曾参加光复会，与革命军有很深的渊源。因此他一方面与孙传芳虚与委蛇，另一方面却暗中与北伐军取得联系。他先后派浙江辛亥革命元老葛敬恩及陈其美的弟弟陈其采与蒋介石接洽磋商。1926 年 11 月 16 日夜，蒋介石亲自接见陈其采，听其陈述陈仪和浙江士绅的要求，并阅看了陈仪的亲笔信，蒋介石表示："眷爱桑梓，力谋保全。极深感佩，默察环境，若不表明态度，行见日被侵逼，恐非混沌所能解决。"① 蒋介石专门给陈仪复电："蔼士兄来述尊旨，并读函示，均悉。顷有奉（25 日）电，许与提携，尤感。湛侯（葛敬恩）兄来商，极所欢迎。"② 12 月 15 日，陈仪为谋求浙江自治，又派参谋长葛敬恩赴江西南昌去见蒋介石，但是葛敬恩非但没有说服蒋介石从浙江撤兵，反而带回了蒋介石给陈仪的国民军第十九军军长的委任状。蒋介石还于 12 月 17 日致电陈仪云："湛侯兄已回浙，此间各情，托其代达。兹特请兄任本军第十九军军长，望速宣布就职，共勉世艰，无任盼祷。"③但是，陈仪不敢轻举妄动，因为孙传芳的部将宋梅村部严密控制整个杭州，因此他始终不敢公开就任暗中已答应的任国民革命军军长一职，不敢与孙传芳公开抗衡。而此时浙江的自治派

---

①　严如平、贺渊：《陈仪全传》，人民出版社 2001 年版，第 27 页。

②　同上。

③　同上书，第 32 页。

仍然抓紧做陈仪、周凤岐的工作，希望依靠他们的力量一举促成自治。但是自治派中的多数人主张为了避免浙江成为战场，争取浙江的自治独立，应保持浙江不偏不倚的立场，既要求孙传芳联军撤出浙境，也不能让北伐军进入浙江。于是陈仪幻想在浙江自治派的支持下，能够实现浙江和平自治。陈仪为了顺应民意，"倾向于浙人自保一途"。[①] 他也打起了"自治"旗号，既拒孙传芳，也挡革命军，竭力避免战争。"各界联合会成立后，已有人提议公请陈（仪）周（凤岐）两师长宣布自治，并拟组织委员会，陈氏对于此议，允加考虑。"[②] 陈仪希望借助浙江自治派的力量，劝党军和联军都离开浙境，划定杭州为党、联两军的缓冲区。但在双方的兵锋之下谋求浙江的自治，无疑是与虎谋皮。

自治派争取的浙江实力派将领还有周凤岐。周在军阀卢永祥统治时期曾经担任浙江省警备司令部总参议。齐卢战争后，周凤岐充任浙江第二师师长，当时第一师师长潘国钢亦已附卢下台，第一师退驻宁波亦由周暂行兼管。1925 年 10 月，孙传芳率领直军抢占浙江地盘后，凯旋来到杭州，杭州军政商各界皆派代表到南星桥去欢迎，唯独周凤岐不愿意去。孙到江干后与欢迎者见面，独不见周，意颇怏怏，夏超等为其掩饰说："城内不可无人，周暂留在城内恭候。"夏随即派萧剑尘飞奔返城，力促周去南星桥与孙晤面。后周向孙汇报浙江军情，说："第二师既已要我担任，第一师希望另行派人。"孙要周推荐几个人，周知道陈仪和孙传芳为士官同学，是孙心目中早

---

① 沈晓敏：《处常与求变：清末民初的浙江咨议局和省议会》，生活·读书·新知三联书店 2003 年版，第 373 页。

② 《杭州快信》，《申报》1926 年 12 月 13 日。

已确定的人选，因向孙推荐陈仪并以叶焕华附之。1925年孙奉战争爆发时，周任第五军军长，由浙西长兴经江苏之宜兴、溧阳、溧水至南京，曾渡江至徐州。事定后，陈仪驻防徐州，自称"地方百里，亦足以王"，陈调元亦出督安徽，独周仅得南京卫戍司令的虚衔，因此当然对孙不满。① 1926年秋，国民革命军开始北伐，进攻武汉。此时孙传芳命令周凤岐率部驻扎九江，周的部将樊崧甫、钱骏、郭忏等暗中说服周向国民革命军靠拢，当时广州国民政府也派赵舒从广东、杜伟从武汉到九江与周联络，周部旅长斯烈之弟斯励（黄埔第三期毕业）在国民革命军总政治部工作，亦奔走于沪杭之间，从事联络工作。周分析形势，权衡利弊，终于接受了国民革命军第二十六军军长的职务。国民革命军攻克武汉后，转攻江西，南浔路孙军危在旦夕，周此时想脱离孙传芳，企图从鄱阳湖返回浙江，曾密电其代理南京卫戍司令的第五旅旅长盛开第，说将于10月17日渡江东返，嘱其秘密通知在南京担任卫戍任务的徐雄第九团当夜潜离南京，徒步返浙，盛开第做完此事后亦化装返浙。不久，孙的五省联军总司令部参谋长刘宗纪据情将此事电告孙传芳，孙本来就忌恨周，加以周又有与夏超联系之事，所以孙对周防范更严。孙曾亲赴武穴想调陈调元部队回九江，解决周部。陈调元系周陆大同学，陈本人亦已暗中接受国民革命军任命，因对孙说："周恭先（周凤岐号）如果不稳，他的几个兵随时可以解决，这件事给我办就是，请联帅放心，目前前方形势不利，后方如发生变故，不免动摇前线军心，请稍缓时

---

① 《周凤岐事迹纪要》，浙江文史委员会编：《浙江文史资料选辑》第7册，浙江人民出版社1985年版，第542页。

日，必不致负钧座委托。"① 孙明知陈有护周之意，但勉强无益，只好怏怏而回。周在九江也觉得事情暴露，为了打消孙对他的怀疑，周不得已邀请孙的总参议蒋百里陪同他一起到九江江新轮上会见孙传芳，亲自解释一切，总算得以搪塞过去。之后才率师东归，过南京时又故意与孙的心腹卢香亭会见。但周返回浙江后，即令其所部向衢县移动，周同时在杭州秘密指令卢香亭军部电台的台长邱炜与国民革命军联络，邱炜密令郭忏负责与国民革命军总司令参谋处处长陈焯取得联系，译电工作则由斯复侯担任。邱炜之事，后为卢香亭侦知，卢密令其卫队长逮捕邱炜，但此卫队长之妻与邱妻经常同打麻将，极为亲密，当晚奔告邱妻，邱连夜逃离，斯复侯亦避往上海。其间周曾于夜间到杭州与陈仪见面，商讨应付北伐军和反孙等事。

　　周、陈虽已分别接受委任为二十六军、十九军军长，但还不肯完全倒向国民革命军。在周部第三师开赴桐庐、富阳，陈部第一师开赴绍兴之后，浙江自治派乘机联络周凤岐、陈仪，希望借助他们的军事实力，实现"浙人自治"。这正符合陈、周的私愿，周部向浙北移动后，曾派其总参议刘凤威去江西，拟见蒋介石，要求承认浙江为自治省，北伐军暂时不进入浙境，同时要求孙传芳军队撤出浙江。

　　1926 年 11 月 8 日，省议会举行民国十五年常年会开幕式，议员们陆续到省，增加了自治派的声势。在开幕式上，省长陈仪充满暗示地鼓励各议员要发挥真正的民意监督，"从前因受环境关系而不能发表者，此后当请尽量发表，一切均行公开，尽力革除人民所受痛苦之秕政，铲除困难，依轨道上做

---

　　① 《周凤岐事迹纪要》，浙江文史委员会编：《浙江文史资料选辑》第 7 册，第 542 页。

去，使留一好规模于浙省"。代理主席副议长祝绍箕回顾历史，认为辛亥以来浙江所以得"安宁"，"当归功于浙人之能互助，不肯捣乱。本会虽有暂行法规定职权，然至时势所需要，亦不能漠然视之"。表示省议会应协助做好省长的"同盟"，"蓬蓬勃勃做去"。① 陈仪的态度受到浙江部分士绅的拥护。

　　陈仪与周凤岐的举动进一步增强了自治派的信心，他们积极开展实现自治的各项行动。

　　1926 年 11 月，由于北伐军占领了江西、福建两省，东南五省只剩下皖、浙、苏三省。为了联合三省的政治力量，实现三省的和平自治，全浙公会决定积极推动成立三省和平自治组织，将五省的和平运动转向三省的自治运动。11 月 10 日，全浙公会发表《对于时局的主张》，呼吁"三省民政及地方事宜，由三省人民组织政府自行处理，对孙蒋双方，请其停止军事"。② 11 月 14 日，在全浙公会的大力推动下，苏、浙、皖三省联合会在上海成立，会议制定了简章和宣言。简章确定三省联合会的宗旨，即："三省人民联合组织之，以人民直接负责，速行实现民治为目的。"③ 他们表示："为了防止目前对民众生活的大灾难，构筑将来的政治基础，三省人民基于主权在民精神要奋起自卫。"三省联合会的成立，有效地整合了三省的政治力量，联合会在抵制军阀的武力政策，消弭战乱，实现

---

① 沈晓敏：《处常与求变：清末民初的浙江咨议局和省议会》，生活·读书·新知三联书店 2003 年版，第 373 页。

② 陈美祥：《北伐军入浙前后的全浙公会》，《中山大学研究生学刊》1997年第 1 期。

③ 浙江文史委员会编：《浙江民国史料辑要》第 11 册，浙江人民出版社1985 版第 23 页。

和平等方面做出了不懈的努力，使三省的和平自治运动进入了一个新的阶段。11月30日，三省联合会为了争取中外新闻界对于三省自治运动的赞助和支持，特别在上海宁波同乡会馆召开中外记者招待会，蔡元培主持并发言："本会同人以为现在吾三省之危急，非迅速实行民治，无从解救。"①

12月9日，北伐军攻进浙江，浙江的形势愈加紧迫。省议会、杭州总商会分别致电孙传芳、蒋介石等："请勿开大军入浙。"致孙传芳电说："我公视浙为第二故乡，爱护之忱，定必始终如一，乞筹避免兵戎之策。"致蒋介石电要求他命令革命军"仍驻赣边，以待商榷"。致周凤岐电要他"坚阻婉商"，阻止国民革命军入浙。②此时的孙传芳企图利用自治的力量来阻止北伐军占领浙江，因此对浙江士绅的自治要求表示："只要党军不入浙，自治可，独立可，即将联军撤出浙江亦无不可。"③"闻孙馨远对浙江方面，亦谓如浙人真心实行自治，措置妥善，则联军亦可退出浙境。"④在陈仪的一再"婉劝"下，已进驻浙江长安的孙军孟昭月前锋部队也不再前进。陈仪将孙的答复转达给浙江各界之后，浙江各界人士无不欢欣鼓舞。自治派加快了自治步伐。"杭州局面渐宽，自治派又积极进行。"⑤

12月9日，浙江学生联合会发起组织浙江各界联合会，

---

①　陈美祥：《北伐军入浙前后的全浙公会》，《中山大学研究生学刊》1997年第1期。

②　陶士和：《民国浙江史研究》，陕西人民出版社2003年版，第116页。

③　严如平、贺渊：《陈仪全传》，人民出版社2001年版，第27页。

④　《浙局暂有和缓象》，《申报》1926年12月19日。

⑤　沈晓敏：《处常与求变：清末民初的浙江咨议局和省议会》，生活·读书·新知三联书店2003年版，第373页。

邀请浙江各团体参加，联合会宗旨："联合各界、群策群力、实行自治不可。"联合会认为浙江实行自治的时机已到，应恳请在衢州的周凤岐师长向党军坚阻、婉劝，电请孙传芳、蒋介石各将所部撤离浙境。翌日，各界联合会筹备会议连续集会，推选省议会议长沈钧业为主席、省议员张韬为副主席。13日，联合会致函省长陈仪称："无论齐楚，均不迎事，凡为浙人反对之军队，一概不得驻入，拟请钧长俯顺舆情，克日脱离孙氏，宣布自治，以免外界干涉，而谋地方安宁。"① 陈仪对于自治也满怀希望，他在军队长官、法团代表、绅商领袖的紧急会议上说："现在衢州方面党军不再前进，则松江方面联军亦可不再进，此时正为这块人民实行自治之好机会。只要双方军队不来，鄙人以为集全浙人才以谋自治，成绩相当可观。"②

　　会议一致决定浙省立即实行自治。并决定派代表葛敬恩赴南京恳请蒋介石撤兵，并请联军浙江总司令部参谋长冯家俊缴械。

　　12月14日，浙江各界联合会正式成立，共有省议会、省城各大法团及学生联合会、总工会等68个团体二百多名代表参加。会议推举蒋尊篑为临时主席，陈仪、沈钧业等25人为委员。浙江各界联合会19日开会通过《浙江省政府组织大纲》，大纲规定："（一）浙人治浙，组设人民自治政府。（二）反对任何军人假自治名义割据。（三）政治公开。（四）现有军队，服从省政府。（五）集会结社言论出版，绝对自

---

① 《浙江各界联合会三次筹备会》、《浙江各界联合会成立大会》，《申报》1926 年 12 月 15 日、18 日。

② 《孙蒋军队迅速集中》，《晨报》1926 年 12 月 20 日。转引自中国社会科学院近代史所编：《中华民国史》第二编第五卷，中华书局 2011 年版，第 89 页。

由。（六）废除杂税苛捐。"同时大纲还规定："政务由省务委员会议决，交军政部民政部执行。拟以第一第三两师，改为省防军。"① 联合会又发表通电："从此境求自保，民冀相安，以自决之精神行真正之民治，凡浙省以外问题，任何方面，绝不参加。"通电要求党联两军同时撤离浙境，"还我自由"。② 同日，浙江各界联合会宣布成立浙江省人民自治政府，并制定了各项内政外交军事方针。省政府由省务委员会、民政部、军政部三部分组成，蒋尊簋、陈仪、周凤岐、蔡元培、褚辅成、黄郛、陈其采、周承菼、张载阳共9人当选为省务委员，蒋尊簋为军政部长，陈仪为民政长，两人都表示愿意就任。会议还通过了《浙江各界联合会第一次宣言》，提出自治"最低限度"条件6项："（1）浙人治浙，组织真正的人民自治政府；（2）反对任何军阀假自治虚名，从事割据；（3）所有政治均须公开，不得再由少数官僚、绅士垄断把持；（4）浙省现有师旅，均须隶属浙江省政府之下，服从指挥；（5）人民集会、结社、议论、出版绝对自由；（6）废除一切苛捐杂税。"③ 会议又选举成立了一个以王孚川、沈钧业等29人组成的监察会（院）。根据《浙江省政府组织大纲》和《浙江省政府监察会条例》规定的体制，监察会监察"省务委员会一切政治之设施"，"凡文武司法官吏，在职务上有违法或不当行为时，经本会查明，得提交省务委员会惩处之"。④ 这说明《省政府组织大纲》是把领导权力交付给省监察会，而监察会的组成人

---

① 《浙江已组织自治政府》，《大公报》1926年12月22日。
② 《浙江各界联合会第一次宣言》，《大浙江报》1926年12月18日。
③ 陶士和：《民国浙江史研究》，陕西人民出版社2003年版，第118页。
④ 《浙江省政府组织大纲》、《浙江各界联合会第一次宣言》，《大浙江报》1926年12月18日。

选，主要是省议员和省各法团代表，省务委员受制于监察会。这在当时是非常激进的，也真正体现了民治的精神。诚如当时浙人所评述的那样："察自治组织大纲，确具精意，省务委员会之下，设军务政务两长。是军务政务两长专擅之弊。可以去除。完全不过承省务委员会之意旨，而付诸执行而已。他如监察会之设立。更足以表示民治之真义。"① 浙江省自治政府的成立，宣告了浙江正式的自治。次日，浙江各界联合会召开第五次委员会，通过致全国及全省电。致全国电说："从此境求自保，民冀相安，以自决之精神，行真正之民治。凡浙省以外问题，任何方面，绝不参加。一俟国是奠定，中央政府足以代表人民利益，即当仍归统治，与全国同胞共同进步也。"②

12 月 17 日，已暗中接受国民军第二十六军军长职务的周凤岐，从富阳潜入杭州，秘密会晤陈仪，他强烈要求陈仪公开就任国民军军长之职，联南驱孙，实行自治。但陈仪仍怕打草惊蛇，主张表面上联孙自治，保持中立，竭力避免战争，求得自治名义下撤销孙在杭州的司令部。周、陈谈不拢，周凤岐连夜离开杭州，19 日，周在富阳宣布自治。

浙江成立的"自治"政府，是一个复杂的混合体。其内部组成成员，既有与国民政府关系较为接近的省议会议员如周凤岐、蔡元培、褚辅成、黄郛、陈其采、蒋尊簋等，也有与孙传芳关系较好的地方实力派军人陈仪等。他们派出一些文人、政客奔走于南北之间，向孙传芳和蒋介石乞求浙江的"自治"和"独立"。这个在孙传芳联军和北伐军相互对垒下建立起来的自治政府，试图利用地方自治运动，用舆论逼退孙军和党

① 《时评庆祝自治产生》，《大浙江报》1926 年 12 月 18 日。
② 陶士和：《民国浙江史研究》，陕西人民出版社 2003 年版，第 272 页。

军，拒绝外省军队进入浙江，使浙江避开战争，浙人免受战祸之苦，其用心可谓良苦，然而其政治行动却显得如此幼稚可笑。试想，在南北双方军事力量交锋的情势之下，一股小小的地方势力，如何超然与南北双方斗争之外，如何能左右逢源，在夹缝中求得生存？他们试图用自治的名义，劝说党联两军退出浙江显然是不切实际的幻想。

第四章

孙传芳镇压浙江自治运动

一 军阀混战

1926 年夏，由于军阀间为了争夺地盘和权力，相互之间混战不已。中国各地又笼罩在硝烟战火之中。在北方，奉系张作霖和直系吴佩孚勾结，以"讨赤"为名，进攻冯玉祥的国民军。1926 年 12 月，国奉战争打响。在湖南，又发生唐生智和叶开鑫之间为争夺湖南的战争。1926 年 8 月，孙传芳的五省联军又与北伐军开战。

（一）直奉"讨赤"联盟与国奉战争

1926 年年初，直奉结成了反革命的军事联盟。1926 年 1 月 5 日，张作霖致电吴佩孚，提出了奉直联合的建议，吴佩孚立即回电表示赞同。直奉之所以结成反革命的军事联盟，是基于以下几方面的考虑。

其一，张作霖与吴佩孚结盟是为了打败他们的共同"敌人"——冯玉祥的国民军。

1925 年 10 月，张作霖的奉系在浙奉战争中连续遭到失败后元气大伤，但是军阀拥兵争霸的本性使张作霖难以停止攻城掠地。1925 年 11 月，张作霖命令奉军在京、津一带增兵四师，派张宗昌在山东，扼守津浦路，李景林部驻守保定、大名，阻断国民军第一军和第二军之间的联系；姜登选驻扎在天津、沧州一带，郭松龄驻守在滦州、山海关一带，对京畿一带的国民第一军形成三面包围态势。11 月 8 日，奉军热河都统阚朝玺部一骑兵团深入京畿附近三河县国民军防地，与鹿钟麟部发生正面冲突，京兆警备队抵挡不住奉军的进攻，从防地退出，奉军占领三河县。此时，驻守在廊坊的奉军也向国民军防地逼近。

面对奉军的进攻，11 月 8 日，冯玉祥召集国民军高级军事将领在北京开会，会议决定，国民军誓死捍卫北京。会后，冯玉祥命令其部将河南军务督办兼国民军第二军军长岳维峻到徐州与孙传芳取得联系，协商共同反奉事宜。岳维峻于 11 月 8 日、15 日两次秘密到徐州，与孙传芳会商之后达成以下协议：孙传芳所率领的"五省联军"攻到徐州后停止前进，徐州以北军事，由国民军负责。11 月 12 日，冯玉祥致电北京执政段祺瑞，谴责奉系在北京增兵 10 万，试图挑起事端。就在国、奉两军即将开战之时，奉系内院起火，发生了郭松龄倒戈事件。于是张作霖为了集中兵力对付郭松龄，对冯玉祥做了让步，奉军自动退出廊坊、三河，国民军也撤退了北京附近的军队。冯玉祥紧紧抓住此机会，一面通电响应郭松龄反奉，并劝张作霖下野。一面采取军事行动，派宋哲元率军集中多伦，直取热河。与此同时，国民军第二军邓宝珊部在进驻保定后，还想夺取直隶其余地盘，这就激怒了奉系的李景林部。李景林在奉系占领京、津后，被任命为直隶督办，独霸直隶一省。

起初李景林因在奉军中受到排挤，不受重用。为了乘乱为王，扩张地盘，将直隶、热河控制在自己手中，李景林在

1925 年 11 月 25 日，曾通电与奉系脱离关系，加入了郭、冯反奉同盟。但是之后，冯玉祥并没有兑现郭、冯密约中的条件，而且国民军占领了热河，并向保定进逼，这就侵犯了李景林的利益，使李又重新向张作霖靠拢。12 月 4 日，李景林公开通电讨伐冯玉祥，宣称要与国民军决一死战。为此，他在天津附近部署了 7 万兵力，同时还纠集了奉系的张宗昌从山东德州增援其作战。1925 年 12 月 7 日，国民军与奉系李景林部之间正式开站。尽管李部有英、日帝国主义撑腰，又有奉军做后盾，但是李部的战斗力极其低下，12 月 24 日，李部被打败，李景林兵败逃跑，国民军占领了天津，孙岳被任命为直隶督办。

与此同时，奉系张宗昌控制的山东也遭到国民军的攻击。张宗昌为了抵制国民军的进攻，采取了合纵连横之策，他一方面与逃到山东的李景林部组成直鲁联军，另一方面他又积极联络吴佩孚，妄图利用吴佩孚与冯玉祥之间的矛盾，离间吴与冯之间的关系，并极力促成直系吴佩孚与奉系张作霖之间的合作。而吴佩孚在第二次直奉战争中，由于冯玉祥阵前倒戈，发动北京政变，直接导致直系的败亡，对冯玉祥始终怀有刻骨的仇恨。1926 年 1 月 5 日吴佩孚给张作霖的回信中对冯倒戈之事仍然耿耿于怀。在信中吴切齿痛骂冯玉祥："从前冯倒戈，令我痛心，我生平最痛恨的就是这些反复无常的小人，现在我很愿意援助你。"[①]

此后，张、吴之间互派代表分别在大连和武汉磋商，直至确定了奉直两军联合进攻国民军的计划。

其二，吴佩孚在第二次直奉战争后势单力薄的尴尬处境，使其急需外援，以图东山再起。

---

①　来新夏：《北洋军阀史稿》，东方出版社 2001 年版，第 949 页。

1924年第二次直奉战争中，吴佩孚的军队打了败仗，损失惨重。之后，吴佩孚原想依靠旧部重整旗鼓，但是他原来的旧部如占据湖北的萧耀南、占据浙江的孙传芳和苏督齐燮元都避之不及。他们为了自保，都通电拥护段祺瑞。吴佩孚处境艰难，转战于河南、湖北、湖南之间，最后在岳阳落脚，托庇于湖南军阀赵恒惕。但是吴佩孚并不甘心就此偃旗息鼓，一直伺机以图东山再起。1925年10月，孙传芳反奉后，吴佩孚在岳州发表通电，支持孙传芳反奉，21日，他来到汉口，通电就任"川、粤、湘、浙、闽、苏、皖、赣、鄂、豫、甘、晋十四省讨贼军总司令"，与孙传芳定下了讨伐奉系的计划。但是他的目的是"讨冯"而非"讨奉"。1926年1月5日，张作霖向他抛出的诱饵十分诱人，足以让吴佩孚动心。该计划的具体内容是：（1）张、吴合力消灭国民军。（2）事成奉军出关，以直鲁归吴，中央政府及陕甘地方悉听吴处置，关外则由张统治；而张宗昌、李景林，可得三特区（绥远、热河、察哈尔）之地盘。①

按照这个计划，吴佩孚得到相当多的好处，似乎地盘的分配又回到了第二次直奉战争以前的局面，这样一来吴佩孚又可以占据大量地盘，控制中央政府，挟天子以令各地方军阀。这是张作霖送给吴佩孚的一个大礼，吴佩孚当然会欣然接受。

其三，吴佩孚与张作霖基于共同的"反赤"立场，由昔日敌人转变为今日的"反赤"盟友。

1924年1月第一次国共合作建立起来后，南方地区开展了轰轰烈烈的工农运动。各地工人罢工斗争，农民打土豪、分

---

① 来新夏：《中国近代史资料丛刊·北洋军阀》四，上海人民出版社1993年版，第391—392页。

田地运动开展得如火如荼，使全国形成了一个国民革命的高潮。与此同时，中国共产党还对各地地方军阀势力展开宣传攻势，瓦解敌人的营垒。1925 年底，以李大钊为首的中共北方区委采取了联合国民军，打倒段祺瑞和张作霖的策略。为此，李大钊和北方区委的同志深入国民军中，与冯玉祥及其部将悉心交谈，宣传中共打倒帝国主义、打倒军阀、打倒土豪劣绅的政治主张。在中共的耐心帮助下，冯玉祥逐渐转变思想，倾向于国民革命。1926 年，冯玉祥曾经密嘱京畿警备司令鹿钟麟，对群众运动加以保护。中共还通过国民军救出了"二七"大罢工以来被捕的工人领袖。恢复了京汉铁路失业工人的工作。国民军逐渐向革命靠拢，极大地震惊了国内反动势力。军阀们也以反赤的名义纠集在一起。1925 年底，奉系部将李景林就攻击冯玉祥："愚弄部下，利用赤化邪说，以破坏纲常名教之大防，若不及时剿除，势将危及国本。"①

　　1926 年 1 月 10 日，奉直联盟在汉口建立，作出了"双方共同以冯玉祥为敌，合力消灭冯和国民党"的决定。

　　1926 年 1 月 20 日前后，国民军与直奉军阀的战争分别在山海关、山东和河南展开。在山东方面，由于张宗昌与李景林部纠集在一起，分十路向山东境内的国民军第二军岳维峻部发起全面进攻，岳军抵挡不住，从山东撤退。山东落入张宗昌之手。与此同时，吴佩孚率领直系军队靳云鹗、刘镇华等在河南向国民军发起进攻，国民军岳维峻部作战失利，撤出河南，由此吴佩孚夺取了河南这块地盘。1926 年 4 月中旬，国民军被迫撤离北京，退往南口。

---

　　①　王建伟：《北伐前后的另一面相：奉、皖等系的"反赤化"宣传》，《学术月刊》2009 年第 12 期。

（二）唐叶战争

1925 年下半年，湖南省在上海五卅运动的影响下，掀起了反帝、反军阀斗争。湖南军阀赵恒惕为了镇压群众运动，实行独裁统治，开始了夺权行动。当时，湖南第四师师长唐生智兼任湖南善后督办，第三师师长叶开鑫兼任湘西善后督办。他们各霸一方，省长无权管制他们。为了统揽湖南省的财、政、军大权，赵恒惕派其心腹第三师参谋长张雄舆任财政厅长，并开始削减兵员。赵的这一举动，引起了湘军的不满。唐生智企图取赵而代之。1925 年，唐生智与广东的革命政府取得了联系。唐回湘后，暗中部署驱赵运动。1925 年 3 月 9 日，在湖南共产党的领导下，长沙举行了声势浩大的驱逐赵恒惕的游行示威。赵在民众的强大压力之下，被迫辞职。之后，唐生智代行湖南省长之职。3 月 25 日，唐生智加入国民军。同时，唐生智解除叶开鑫第三师师长职务，取消第二、第三师番号，所辖各旅由省长统一指挥。

吴佩孚最初还想争取唐生智加入"反赤"阵营，但是唐生智拒绝与他合作。于是吴佩孚就任命叶开鑫为"讨贼联军"湘军总司令，并调鄂军第十七混成旅余荫森部赶赴湖南归叶指挥，开始进行长沙反击战，唐叶战争打响。1925 年 5 月 2 日，叶开鑫攻占长沙。之后，湖南政界掀起一股迎赵复职的逆流。孙传芳始终关注湖南的局势变化。叶唐战争打响后，他致电吴佩孚，建议将赵恒惕迎回湖南并给予军事指挥权。否则"湘局瓦解，长江亦难安枕"。[①] 5 月 13 日，由赵恒惕任总指挥，叶开鑫任副总指挥，率"护湘军"一、二师向唐生智发起进

---

① 　陶菊隐：《北洋军阀史话》，商务印书馆 2013 年版，第 1536 页。

攻。7月中旬，北伐军攻入湖南，叶开鑫的湘军不堪一击，纷纷溃败，唐生智军攻占长沙。而此时，吴佩孚正在河南南口与冯玉祥的国民军进行大战。当孙传芳等直系部将纷纷劝说吴佩孚放弃南口，主持湖南战事时，吴佩孚却左右为难。他一心一意想打下南口，一来可报冯玉祥倒戈之仇，二来攻下河南，可扩大地盘，借此可以继续控制北京政权。但是他也不愿意丧失湖南这块肥肉。因此他想了个万全之策，让自己的军队仍然进攻南口，借调孙传芳的闽赣军队向湖南进军，同时又调唐继尧的滇军出兵广西。

（三）孙传芳勾结奉系向北伐军开战

1926年8月下旬，孙传芳派军队进入江西战场，与北伐军为敌。

1926年7月31日，孙传芳在南京召开五省军事会议，决定了以五省的军事力量共同对付北伐军。8月下旬，孙传芳命令谢鸿勋率10万大军进入江西北部。陆续到达赣境的孙军有卢香亭第二师、周凤岐第三师、郑俊彦第十师、彭德铨第六混成旅等，共五师八旅约10万人。8月底，孙传芳任命卢香亭为援赣军总司令。同时下达进攻计划：以皖军王普部为第一军，进攻通山、岳州；以苏军为第二、第三军，进攻平江、浏阳；以赣军邓如琢部进攻醴陵、株洲；同时命闽南周荫人部进攻广东潮州、梅县。① 孙传芳的援赣部署，直接威胁到北伐军侧翼安全。使进入武汉的北伐军成为孙传芳军队的攻击目标，同时也使广东革命根据地受到威胁，孙军随时可以截断北伐军

---

① 杨天石：《蒋介石与前期北伐战争的战略策略》，《历史研究》1995年第2期。

和广东的联系，造成其首尾不能相顾的局面。

与此同时，孙传芳还与过去的老冤家奉系张作霖改善关系，并进一步结成反革命的军事同盟。

9 月 8 日，孙传芳主动致电张作霖，表示"备悉我公恳恳关垂之意"，"今赤焰嚣张，势将燎原"。"愿追随左右，共挽颓局"。① 9 日，张作霖复电："东南半壁，全赖我兄支柱。""弟但知大局为重，微嫌小隙，早付东流。"② 孙为了解除来自北方的军事威胁，还主动与直鲁军张宗昌结为拜把子兄弟，并与之签订了苏鲁和平协约。其内容是：张宗昌的鲁军在兖州，孙传芳的苏军在徐州都不得超过一个旅。如有必要，鲁军可以假道徐州开赴陇海路援助吴佩孚。但徐州以南五省势力范围之内的军事，鲁方决不干预。③

到 1926 年 9 月底，孙传芳与奉系张作霖之间的反革命军事同盟终于建立起来了。

那么，孙传芳为什么由北伐战争初期的中立立场转变为革命的敌对势力呢？究其原因，主要有以下几点。

其一，孙传芳基于其"反赤"的反革命本性，促使其与张宗昌、张作霖之流同流合污，由敌对势力变为"反赤"盟友。

孙传芳虽然高唱"三爱主义"，但是他在反共方面始终不遗余力。孙曾经说："余对于讨伐赤化，完全赞同，无论与何方合作，此旨决不变更。"④ 早在 1925 年 12 月，孙传芳就在

---

① 杨天石：《蒋介石与前期北伐战争的战略策略》，《历史研究》1995 年第 2 期。

② 同上。

③ 同上。

④ 《政局变化中之孙传芳的态度》，《向导》1926 年第 166 期。

上海与租界当局接洽，主张取缔"赤化"，维护公共安宁，并得到了租界的赞同。① 此外，孙传芳还下令严查"赤党书籍"，"以杜乱源"。② 在孙传芳的严厉政策之下，上海邮电局派专门人员严格检查往来广州、长沙、莫斯科等地的共产党宣传邮件。孙传芳甚至通电："在赤祸未靖以前，决不容有其他之主义，惟有唯一之讨赤主义。"③ 北伐开始之后，孙传芳更加重视对"宣传战"的应用。其在南京总部"特设宣传机关，日以印刷文件，传播各省"。在其辖区各县，均设有"讨赤"宣传委员，专司宣传之责。④ 据《申报》报道："淞沪警察厅接奉南京孙总司令训令，略谓据报粤东近日密派青年党人，由粤分批乘轮来沪，宣传赤化，煽惑工人，希图扰乱，令饬严查防范，以维治安。严厅长奉令后，特派侦缉队副队长挑选精通粤语之侦探数名，前往南北各码头，认真调查。"⑤ 据《晨报》报道，孙传芳"一面对于自粤潜入之宣传员，严加警戒。一面组织反赤宣传队，派赴苏徐沪杭等地宣传"。⑥ 法捕探长率领通班侦探，轮流到租界内各大旅馆严加搜查，"如有来路不明，形似可疑者，均须详询来历，其外如各轮船码头及各学校

① 《孙传芳与租界当局接洽，共同取缔赤化运动》，《申报》1925年12月21日。

② 王建伟：《北伐前后的另一面相：奉、皖等系的"反赤化"宣传》，《学术月刊》2009年第12期。

③ 《政局变化中之孙传芳的态度》，《向导》1926年第166期。

④ 王建伟：《北伐前后的另一面相：奉、皖等系的"反赤化"宣传》，《学术月刊》2009年第12期。

⑤ 同上。

⑥ 同上。

亦谕令全体侦探一体注意，一经查处，即行拘解捕房询究"。①

　　孙传芳不仅在舆论上造势来反"赤化"，而且残酷地镇压国共两党力量。1926 年他下令"秘密枪杀工人首领刘华及农民领袖周水平"，② 他还下令查封国民党在浙江省的党部机构。"国民党浙江省党部于七月二十九日被封，职员朱楚珩、宗梦岐等被捕，监于陆军监狱候判。同时宁波亦起党狱，启明女校及甬江潮被封，甬江潮主编蒋本青及承印者张介人被捕。"③

　　孙传芳还严厉钳制民主进步思想，实行文化专制主义。他一方面下令取缔一切进步报刊，不许民众拥有言论、集会等自由。同时下令解散工人的工会，而且无故逮捕工人的首领韩连会等，密布稽查，侦探，严禁集会、结社、言论等自由。另一方面，他又在工人中组织直奉同乡会，企图根本破坏工人团体。在下令取缔学生的言论、集会、结社等自由后，孙斥令"各校将平日参加爱国运动之分子，少数开除。反动之各校校长，乐得狼仗虎势，遵照执行"。④ 与此同时，奉系张作霖之流的"反赤化"行动比孙传芳有过之而无不及，1926 年 4 月，直奉联军进入北京之后，张作霖立刻以宣传"赤化"为名，查封《京报》报馆，枪杀社长邵飘萍。4 月 28 日，张作霖又下令枪毙李大钊等 19 位国共两党的重要领导干部。不久之后，鲁系张宗昌也以"赤化"罪名下令枪毙《社会日报》主笔林白水。由于孙传芳和张作霖在共同"反赤"的思想和行动上保持着绝对的一致，因而也就在反赤的旗帜下，实现了重新的

---

　　① 王建伟：《北伐前后的另一面相：奉、皖等系的"反赤化"宣传》，《学术月刊》2009 年第 12 期。

　　② 《两副面孔　一个公式》，《向导》1926 年第 166 期。

　　③ 同上。

　　④ 同上。

整合。

其二，北伐军占领两湖地区后，部署对江西的进攻，威胁到孙传芳的利益。

北伐军在汀泗桥和贺胜桥歼灭吴佩孚精锐之后，于9月7日占领汉口，直逼武昌城下，吴佩孚在败局已定的情况下，致电告诫孙传芳："今赤贼既已得志于湘鄂，势必窥赣边而通声气。应懔唇亡齿寒之戒，念辅车相依之切，虞虢前车，可资殷鉴。"① 孙传芳此时才醒悟过来，明白了唇亡齿寒之道理，9月7日，他以命令的口吻致电蒋介石："粤军限二十四小时全数撤回粤境，不得借词逗留。"② 8月中旬，孙传芳决定出兵援赣。同月下旬，孙部10余万人陆续到达赣北。与此同时，北伐军在两湖战场上打败吴佩孚的军队后，就开始实施第二阶段的战略目标，东取江西，由江西、福建两个战场夹击孙传芳。北伐军的战略是"乘敌集中未竣，采取攻势，予以各个击破"。③ 9月2日，蒋介石向第二军鲁涤平部、第三军朱培德部、第六军程潜部下达了于9月6日向江西发起攻击的命令。同时任命第一军军长何应钦为攻闽军总司令，第四军军长李济深为攻赣军总司令。蒋介石命令他们率领各属部队由广东进攻福建、江西。北伐军的作战计划是：兵分三路入赣。第二、三军及第一军第二师担任右翼部队，由蒋介石直接指挥，第一军第二师由铜鼓东进；第二军由赣南循赣江北进；第三军由萍乡出高安，均以南昌为目标；第一军第一师和第六军负责中路，

① 邵维国：《孙传芳传》，黑龙江人民出版社2001年版，第316页。

② 王晓华：《孙传芳在北伐战争中失败原因初探》，《浙江学刊》1988年第6期。

③ 来新夏：《北洋军阀史》下，东方出版社2001年版，第996页。

由程潜指挥，出修水、武宁，直捣德安，以截断南浔路；第七军担任左翼，由李宗仁指挥，自湖北大冶一线入赣，直捣九江孙传芳司令部。面对北伐军的大军压境，孙传芳毫不示弱，他决定要与北伐军一决高下。

其三，孙传芳出于一种地缘意识，自然而然地靠近吴佩孚、张作霖等北洋军阀势力，公然与南方的国民革命军作对。

所谓地缘意识，是指生活在相同或相近地域的人们，由于彼此的生活环境相同，又有大体相近的语言习俗及生活习惯，因而使彼此有一种熟悉感和亲切感，容易达到一种较为初步但也是相当根本的情感沟通。孙传芳出身于山东，张宗昌也是山东人，而张作霖虽然是东北人，但是用孙传芳的话说："我们吃麦子的北方人和吃大米的南方人永远合不拢来。"① 因此，孙传芳出于一种地缘意识，自然而然靠近吴佩孚、张作霖等北洋军阀势力，公然与南方的国民革命军作对。

二　孙传芳镇压夏超独立

（一）北伐军促动夏超独立

1926 年 9 月底，当孙传芳的军队在江西前线溃败之后，孙传芳也玩起了和平的花招，希望借助东南和平运动，将国民军赶出东南五省。10 月 1 日，他致电孙洪尹，"请筹挽救时局之策"中说"过去与国民军作战"，是因"介石狃于武汉之胜，乘我不备，夺我萍乡，陷我南昌，恣意而行，迫我于境不得保，民不得安"，"不得已与之一战"。现在，"和平初志，芳何敢忘，倘粤军能撤退西粤原防，开诚布公，共谋建设，固

---

① 来新夏：《北洋军阀史》下，东方出版社 2001 年版，996 页。

芳所馨香祝祷，亦全国人民所昕文渴望者也"。① 孙传芳这样做，就把江西战争的罪过推给了北伐军和蒋介石，同时又可借和平运动争取时机再战。

国民军一眼就看穿了孙传芳的小把戏。因此，广东的国民军也充分利用了江南的和平运动，展开了反孙倒孙的舆论攻势。他们不仅暗中鼓动江浙人民开展和平自治运动，而且公开发表宣言、通电支持江浙自治运动。早在北伐军攻打江西之时，北伐军中的苏联顾问加仑和中国共产党人就制定了对浙江实行半武力夺取的策略。其计划是，策动浙江地方军队中的将领脱离孙传芳独立。以夏超的军队及周凤岐的一师为主，再以第一军派五团人帮助他们。② 这个计划旨在使孙传芳失去对浙江的控制。从而在北伐军和奉军之间形成一个避免直接交战的缓冲区。之后，北伐军加紧了对浙江省长夏超的策反工作。

夏超是一个有奶便是娘的墙头草、投机分子。1924 年 9 月，当孙传芳强力进攻浙江时，当时身为浙江警察厅长的夏超为了一己之私利，阵前倒戈，投靠了孙传芳。"孙传芳过杭与夏超匆匆一面，即去上海指挥。临行时，对夏甚为器重，言语之间，似有将浙政交给夏超的意思。"③ 在夏超的内应下，孙传芳顺利地占领了杭州。1925 年 10 月，孙传芳发动浙奉战争，夏超亦出兵参战。战后，孙传芳一举夺得闽浙苏皖赣五省，成为五省总司令。但是后来论功行赏，夏超没有捞到任何好处。"孙传芳得了徐州，乃制止浙江第一师不再北进，以徐

①　邵维国：《孙传芳传》，黑龙江人民出版社 2001 年版，第 328 页。

②　沈晓敏：《处常与求变：清末民初的浙江咨议局和省议会》，生活·读书·新知三联书店 2005 年版，第 377 页。

③　杜伟：《回忆夏超的独立》，浙江文史委员会编：《浙江文史资料选辑》第 1 辑，浙江人民出版社 1985 年版，第 42 页。

州总司令名义给予师长陈仪，使浙一师在徐州驻下。浙江第三师在 1925 年'秋操'军结束后，曾在南京驻扎一个时期，师长周凤岐兼任南京卫戍司令。"① 战后，孙传芳任命自己的心腹卢香亭为浙江军队总司令，② 这使得夏超对孙怨愤至极，遂产生叛孙之心，并暗中开始扩张自己的军事力量。夏超扩张警察总队，暗中购买德国新式武器，利用外海水上警察厅兵船接运，再由内河水上警察厅秘运到杭，并秘存于梅花碑省长公署和省会工程局两处。浙江军队总司令卢香亭虽然有所耳闻，但以为孙军大部驻在南京，对贸然启衅失和，尚有顾虑，故始终未便检查，夏亦深知彼此暗中猜忌，防范更为严密。③

　　1926 年 10 月，国民革命军攻占江西后，先后派多名代表秘密赴浙与夏超取得联系，策动夏超独立，"截断孙传芳退浙之路"。"广东方面已派戴任、郑炳垣与夏超取得联络，夏派私人秘书廖某招待，双方洽谈，已成默契。"嗣后，"广东加派马叙伦、许宝驹来浙江与夏超联系"。④ 国民军与夏超密谋倒孙与浙江自治之事，很快取得结果。双方计划事后由沈钧儒组织省政府，并内定共产党员沈雁冰为省政府秘书长。⑤

　　10 月 16 日，夏超在时机尚未成熟之时，伺机独立。他首先秘密联络浙江军队，准备将驻扎在徐州的浙江第一师陈仪部和仍在江西作战的周凤岐部调回浙江。于是，他致电孙传芳，

---

　　① 杜伟:《回忆夏超的独立》，浙江文史委员会编:《浙江文史资料选辑》第 1 辑，浙江人民出版社 1985 年版，第 44 页。

　　② 同上。

　　③ 同上。

　　④ 同上。

　　⑤ 沈晓敏:《处常与求变:清末民初的浙江咨议局和省议会》，生活·读书·新知三联书店 2005 年版，第 377 页。

"请孙总司令将浔预备队之浙军，全部返浙，借维浙局"。① 16
日，他正式对外界宣布，就任国民革命军第十八军军长兼浙江
民政长职，宣告浙江独立。同时，陈仪、周凤歧二人也分别在
暗中接受了国民革命军第十九、二十六军军长的任命。与此同
时，夏超的行动得到了浙江省部分省议员的支持。夏超率师开
赴前线时，省议员蒋玉麟等在城站演讲预祝胜利，谓："夏所
部是子弟兵，当然战无不胜。"② 10 月 15 日，浙江原省长张载
阳、褚辅成等在杭州召开秘密会议，决定以保境安民为由，召
回驻外省的浙军。并以省议会和浙江各团体的名义，向孙传芳
发电，请他允许浙军回浙，息争保民。夏超宣布独立后，一方
面改组浙江政务委员会，由夏超、周凤歧、蒋梦麟、马叙伦等
13 人担任委员，整理浙省财政，接受国民政府"指导"。③ 另
一方面，夏超调集浙江警察部队开往嘉善、松江一带布防，把
莘状、新桥之间的一段铁路拆毁，向上海进攻，并把杭州的孙
军营包围解散。孙传芳闻得夏超谋反之事，甚为惊惧，他一方
面假意同意浙军回浙，另一方面立刻调兵遣将，扑杀夏超
"叛军"。孙传芳"电令上海警备司令宋梅村出兵先发制人"。
同时调驻防镇江的第七十六混成旅李宝章部开驻龙华、松江。
宋梅村率两营开赴嘉兴石湖荡布防，夏超得报，手忙脚乱，急
令保安第二总队长章燮率部开赴嘉兴前线，10 月 20 日，双方
在石湖荡交火，章燮寡不敌众，从嘉兴溃败。随后，夏超又令
周凤歧部伍崇仁团开赴前线，"伍竟推脱准备不及"，不愿上

①　陶士和：《民国浙江史研究》，陕西人民出版社 1985 年版，第 115 页。

②　许行彬：《十年流亡之生日吟》，浙江省档案馆编：《浙江民国史料辑要》
上册，第 56 页。

③　沈晓敏：《处常与求变：清末民初的浙江咨议局和省议会》，生活·读
书·新知三联书店 2005 年版，第 377 页。

前线。夏超无奈，只好加派警察第三总队章培驰往嘉兴增援。夏超还恐实力不足，再令警察第一总队吴殿扬开赴前线，夏超本人也亲赴嘉兴督战。不料，宋军炮火猛烈，夏超只有两门野炮，且缺乏表尺，不易瞄准，尽管夏超调集了所有可支配的军队，仍然抵挡不住宋军的进攻，兵败逃亡。宋军接连占领嘉兴、硖石、长兴等地，22日，夏超把省长印信交给了张载阳，带领随从从余杭退走，最终在逃亡路上被宋军俘获，宋军俘获夏超后，连夜致电九江向孙传芳报功，孙复电令夏超交出军器，银行存款和同谋人员计划，宋令军法官逼供，夏超拒不招认，在囚室不言不食。第三日审讯时，夏嚼舌出血以拒。宋再电孙请示，得复："秘密枪决托辞乱兵击毙。"夏超在杭州古荡被秘密处决后，被抛尸乱坟中。①

（二）夏超独立失败的原因

此次由夏超组织的浙江独立事件之所以失败，有以下几方面的原因。

其一，夏超独立前计划不周密，行动不谨慎。

如夏超独立前，曾与江西的浙军周凤岐秘密计划，如孙传芳在江西南浔路作战不利，周立即通电独立回浙，故后来夏超认为须有周凤岐来电，才能响应独立，所以迟迟没有发动进攻，错失战机。而周凤岐驻防九江，与孙传芳相互防范甚严，而此时孙军与国民军交战后互有胜负，周凤岐专盼国民军蒋光鼐进逼九江，再伺机行动，离孙独立。所以蒋军没有来之前，周凤岐不敢贸然行动，也不与夏超通消息，所以此时的周凤岐

---

① 杜伟：《回忆夏超的独立》，浙江文史委员会编：《浙江文史资料选辑》第1辑，浙江人民出版社1985年版，第49页。

基本上是犹豫观望，没有给夏超提供任何帮助。夏超独立前，驻上海的国民党钮永建部为了壮大声势，在沪大肆活动，并宣扬浙江省独立的消息，引起了新闻界的注意，各大小报均刊载了浙江独立的消息，闹得沪杭两地满城风雨，走漏了独立的信息，使孙传芳提前采取了军事行动。①

其二，夏超独立前军事准备也不充分。

夏超的作战部队，均是浙江当地的警察部队。例如警察第一总队吴殿扬部、警察第二总队章燮部和警察第三总队章培驰部等，这些部队维持地方治安尚可，但缺乏野战经验，逢战即溃。另外夏超的部队临出发前，"每个士兵仅带了100发子弹，仓皇应战，官兵受伤时没有担架队，给养也是就地征用，连行军灶锅也没有带去"。军队仓促应战，岂有不败之理。②

夏超独立之后，孙传芳即免去夏超省长之职，任命驻徐州的浙军第一师师长陈仪接任浙江省长之职，同时派心腹孟昭月为浙江总司令。陈仪赴浙就任浙江省长时，没有带任何部队，因此陈仪就任浙江省长之职，实际上是光杆司令一个，也可以看作孙传芳分化浙江地方派军人的措施。但是夏超的独立及被杀，还是牵制了孙传芳在江西的兵力，同时也激化了孙传芳与浙江地方势力之间的矛盾，动摇了孙传芳在浙江的统治地位。

---

① 杜伟：《回忆夏超的独立》，浙江文史委员会编：《浙江文史资料选辑》第1辑，浙江人民出版社1985年版，第49页。

② 同上。

三　孙传芳军事镇压浙江自治运动

（一）孙传芳镇压江、浙地区的民主力量

1926 年 8 月后，由于北伐军与孙传芳的联军在江西激战犹酣，而近在咫尺的江浙人民忧心如焚，因为战争一旦波及江浙大地，最大的受害者是江浙人民。因此他们掀起了一个反对军阀的和平自治运动。他们组织各种自治团体，主张人民自治，希望孙传芳把五省的政权交还给五省人民。

起初孙传芳面对江浙地区的和平自治呼声，并没有感到有任何的压力。因为他根本没有把江南的绅士秀才们放在眼里，认为他们只不过是纸上谈兵，在报纸上呼吁叫喊，只不过给他制造一些舆论压力，只要他出动军队，这帮知识分子就会乖乖地缩回去，不再闹事了。但他万万没想到苏浙皖地区的自治运动越搞越大，自治不再是少数绅士的言行，而是变成了五省人民共同的愿望。江浙地区的自治力量已形成为一股巨大的反军阀力量，向他袭来。孙传芳感到从未有过的压力和恐惧，他意识到如不采取行动，他将失去江浙地盘。所以他拿出了军阀的看家本领，那就是采取高压政策。

首先，孙传芳采取严厉的文化专制政策，钳制民主进步思想。

20 世纪 20 年代，当资产阶级民主思想遍播中华大地，民众逐渐开始接受民主自由理念的时候，一向标榜"爱民如子"的孙传芳又是如何对待他治下的子民的呢？1926 年 5 月，他下令五省内各团体不得干涉政治，剥夺人民参政、议政的权利。他无理地指责江苏省各县公私团体："借名干政，已成一种风气，甚至联合复呈，对于该管长官，毁誉任情，颠倒是

非，尤属不合。""今则团体内之个人，时借事故，专用团体名义，盖用团记，文电纷扰，其他非法团体越级具呈邮递代审者，更数不可枚举者，至各县教育局实业局等，系属县知事属管，亦复联合各团体签名盖印，妄有呈请，尤为荒谬，似此紊乱统系，败坏官常，苟不严加整饬，尚复成何政体，合亟通令申禁。"① 1926 年 12 月，他在南京下令宣布戒严，"孙（传芳）电沪官厅，取缔民治运动，言如有拿获，令径解宁讯办，又对陈陶遗等请准开市民大会，复电拒绝。"② 当江浙地区的自治运动进入高潮时，孙传芳最先就拿反对他的最激进的组织苏、浙、皖三省联合会开刀。12 月 26 日孙传芳发表通电："有人假借苏、皖、浙三省公团名义，希图破坏三省之安宁，离间传芳与三省父老昆季之感情，其居心叵测。"接着孙传芳下令秘密逮捕三省联合会的领导人。"孙氏登报通告外并饬戒严司令李宝章、淞沪警察厅长严春阳，取缔该团体集会，并缉拿领袖褚辅成、董康、许世英等七十余人。商请英法两领事签字，以便执行。"③ 孙传芳对于苏、浙、皖三省联合会屡屡发表反对他的言论，煽动民众造反十分的仇恨，他下令对该会会员"缉拿会员，格杀勿论"。④ 1926 年 11 月至 12 月，在孙传芳的文化专制政策下，江浙地区处在肃杀的气氛之下。

其次，孙传芳对江浙的自治运动采取武力镇压手段。

（二）孙传芳用武力镇压浙江自治运动

孙传芳在江西战场上受到北伐军重创后，他做了最坏的打

---

① 《孙传芳不许法团干政》，《申报》1926 年 5 月 15 日。
② 《孙传芳取缔沪民治运动》，《申报》1926 年 12 月 12 日。
③ 《孙传芳查拿团体领袖续讯》，《申报》1926 年 12 月 28 日。
④ 《孙传芳通缉令原文》，《申报》1926 年 12 月 31 日。

算，如若北伐军占领福建、安徽、江苏等省，他决定放弃江苏，退守上海和浙江，并把浙江作为自己最后坚守的根据地，如若浙江失去，那他统治的根基就断了。所以孙传芳绝对不肯放弃浙江这块江南最富庶的地区。因此，当浙江自治派宣布独立，脱离他的统治时，对他的统治利益就构成了威胁，他就露出了军阀狰狞的面目，向自治派挥起了屠刀。"联军总司令孙传芳对于浙江自治无异变相之独立，深致不满。特下令所部各军开向杭州，决计与党军作战，刻正在宁垣部署，后方事务一俟妥协，二三日内便须亲自前往杭州指挥督战。"[①]

首先，在浙江自治政府成立前，孙传芳暗中已调兵遣将，调集军事力量，企图扑杀浙江的自治力量。

1926年12月中旬，孙传芳把在江西、福建打败的残余部队，重新编为五个方面军：第一方面军，下辖第二、第十三两个师，约7000余人，孙传芳亲自兼任司令；第二方面军，下辖第四、第十、第十四三个师，共9800人，由郑俊彦任总司令；第三方面军，下辖第八、第十一两个师，共9000余人，由孟昭月任司令；第四方面军，下辖第五师及叶开鑫、马济等湘、鄂军残部，共1.1万多人，白宝山任司令；第五方面军，下辖第十二师3个旅，1.1万多人，周荫人任司令；加上直属部队刘宝题、冯绍闵、李宝章等的第六、第十五、第七、第九各师，及王茂桐缉私队、武铭卫队旅2万多人，共计8万余人。孙传芳除去将主力部队调往守卫沪宁线以外，将其中的3万部队调到浙江边境作战，孙传芳计划分三路进攻浙江：以孟昭月第三方面军任中路，占领富阳、临浦、诸暨一线；白宝山等第四方面军任右路，由淳安、开化攻常山、衢州；周荫人第

---

① 《孙传芳日内赴杭讯》，《申报》1926年12月23日。

五方面军任左路，一部由丽水、云和、青田袭击北伐军侧背，一部由天台，宁海出绍兴，联络第三方面军，在钱塘江下游地区与革命军决战。郑俊彦第二方面军驻江苏、常州、宜兴，作预备战。企图占领浙江全境。

其次，他命嫡系干将孟昭月率联军第三方面军前往浙江，将自治派一网打尽。

12月15日，孟昭月在嘉兴成立了第三方面军总司令部，统帅第八、十一、十四师及第四师一个旅。12月18日，孟昭月的部队由嘉兴向浙江腹地纵深推进，他的司令部已迁至长兴，周荫人的第四方面军开到温州，白宝山、冯绍闵的军队到达宜兴、长山一带。李俊义的第十四师进驻湖州。

最后，孙传芳为壮大反革命力量，北上勾结奉系军阀势力。

孙传芳为了增强他的反革命力量，不惜放下身段，北上天津去投靠奉系张作霖。张作霖也想乘此机会将奉系势力渗透到江南地区，因而完全同意与孙军联合，共同对付北伐军。

12月14日，孙传芳致电吴佩孚，要求张宗昌派军队南下支援。他在电报中说："杭虽危急，但现已飞饬师旅准备反攻，并电促效帅南下协援等语。"① 同日，张宗昌率8000军队南下津浦路，开进江苏、安徽；鲁军的第四、第五、第六各队，进抵徐州、蚌埠；第七、第十一两军集中于安徽；第八军开进了苏州、上海；第一〇一师进入南京。12月18日，张宗昌率2000余人到达南京，并组成前敌总司令部。褚玉璞为总司令，许琨为副总司令。21日，张宗昌、孙传芳、陈调元在南京召开军事会议，部署具体军事行动。会议决定：由陈调元

---

① 《鲁张请孙率全军攻浙》，《申报》1926年12月19日。

率领军队奔赴皖南截断北伐军在江西、浙江两省的联络线，防止北伐军东下；张宗昌率直鲁军向安徽北部进军；孙传芳则全力对付浙江。

1926 年 12 月 11 日，北伐军东路军第一军第一师、第二十二师到达浙、赣边界，向衢州开进时，浙军第三师师长周凤岐在衢州通电起义，宣布就任国民革命军第二十六军军长之职。东路军得以占领浙江的战略据点衢州、三溪、严州。与此同时浙江省省长、浙军第一师师长陈仪也与北伐军取得联系，准备于北伐军进攻浙江时宣布起义。由于周凤岐和陈仪先后加入北伐军，使孙传芳侧背受敌，处于三面被围之中，所以孙传芳命令第八师师长孟昭月于 12 月 22 日率军突占杭州。当天孟昭月借口北伐军便衣队已在杭州附近出现，立即派兵进驻杭州，软禁了陈仪，并把陈仪的浙军第一师全部缴械。24 日，孙传芳的余部又源源不断进入浙江，控制了整个浙江。孙军在浙江解除了当地的所有警察部队的军械，让他们手持木棍站岗，同时孙传芳命令将陈仪留守在浙江的浙军第一师两个营和学兵营全部解散。为了对付已投靠北伐军的周凤岐，孙又命令派一部分军队前往余杭，用以消灭驻守在富阳的周凤岐的浙军第三师。周凤岐为了对付孙军的来犯，干脆以国民革命军的名义，宣布节制浙军第一师和第三师，他把陈仪的第一师统归在自己名下。之后，孙传芳任命孟昭月为浙江总司令，控制浙江全省的军队。为了防止浙军第一师发动兵变，孙命令浙军第一师开赴淞沪前线作战，浙军第一师本就拥戴陈仪，对孙传芳扣押陈仪之举强烈不满，他们不愿意为孙传芳卖命，充当炮灰，所以当浙军第一师开到宁波后，他们推选第一旅旅长石铎为代理师长，之后，部队开往富阳，与周凤岐的第三师会合，共同与孙传芳的联军作战。孙传芳当即命令孟昭月进攻富阳的周凤岐部，由于孙军兵力强大，攻势迅猛，周凤岐所率浙军无法抵挡，于是浙军第一师和第二师便分路撤退。这样，孙传芳不仅镇压了浙江的自治运动，还牢牢地控制了浙江。

第五章

孙传芳对浙江自治运动的影响

一　孙传芳督浙期间恢复了
“浙人治浙”的局面

在 1924—1926 年浙江自治运动的演进中，孙传芳扮演了一个从支持者到亲手扼杀这场运动的复杂角色。那么他对浙江自治运动究竟产生了什么影响呢？

首先，在孙传芳统治浙江期间，浙江表面上恢复了“浙人治浙”的局面。

1917 年，北洋政府国务总理、皖系军阀段祺瑞曾派淞沪军杨善德、齐耀珊任浙江督军、省长，杨、齐带兵入浙，打破了辛亥光复以来“浙人治浙”的局面，对此，浙江人民开展了顽强的抗争。1924 年 9 月 17 日，孙传芳在担任浙闽巡阅使兼浙江军务督理后，为了稳定了浙江的局势，扩大军事实力，为其今后的继续执政奠定基础，他恢复了“浙人治浙”的局面。“故近日用人行政，已渐分军民之途径，现夏氏行使职权，较前为发展。”①

---

① 《浙省孙夏意见之调解》，《申报》1924 年 12 月 2 日。

　　孙传芳就任浙江军务督理后，头一个重用的浙籍人士便是夏超。江浙战争后，卢永祥虽被赶走，但浙江的地方实力派仍盘踞在浙江，牢牢掌控着军政大权。如夏超，他是地地道道的浙江本省人，在本地颇有实力。他历任杭州警察局局长、浙江警务处处长。浙江全省除各县的局、所警察外，还有省城、宁波、内河和外海的水路警兵，总计有14000人，都掌控在他的手里。而且此人颇有野心，一直觊觎省长的宝座，只是苦于没有机会，不能遂愿。江浙战争后，卢永祥和省长张载扬仓皇出逃，张临行前委任夏超为代理省长，把全省的军政大权交付他的手中。但是夏超是一个首鼠两端的政客，他看到孙传芳的势力强大，当下无法与其抗衡，所以就背叛卢永祥，转投孙传芳，把浙江献给了孙传芳，以至于当时的浙人称夏超为活秦桧。同时，夏超又密电驻京代表李俊夫去"运动"吴佩孚和曹锟，企图走"上层路线"谋取省长一职。因此对于夏超，孙传芳刻意笼络，他主动向曹吴保举夏超为浙江省长，5天后，北京政府即任命夏超为浙江省长，使夏如愿以偿。孙传芳临去上海前，还委托夏超主持浙政，过后，孙、夏二人互换帖子，结为金兰，由此，孙、夏之间开始成为短期的盟友。

　　在浙籍将领中，周凤岐也是孙传芳看重的一个地方实力派人物之一。周是浙江本地人，从保定陆军军官学校毕业后，就投身辛亥革命，曾任浙江都督府参谋长。孙传芳入浙前，周凤岐独掌浙军第二师。周为人孤傲耿介，根本不把孙传芳放在眼里。所以，孙传芳到杭州，浙省军政绅商首领都到南星桥去欢迎，独周不去。故孙传芳特意对周凤岐施展手段进行拉拢，他委任周凤岐为浙军第二师长，并放任周自己调整第二师的将领，借此安抚周凤岐。

　　1924年10月9日，孙传芳还委任重用了另一名浙籍将领

陈仪为第一师师长。孙传芳之所以重用陈仪，是因为他毕业于
日本士官学校，和孙传芳有同窗之谊。陈仪在浙江颇有声望。
他是浙江本地人，又曾担任过浙江军政司长，在浙江军界政界
均有不少的旧关系。所以，孙传芳就派陈仪来执掌第一师。果
然，陈仪出掌第一师后，很受浙人欢迎。但后来孙传芳又委派
两名心腹去第一师任旅长，实际上是去做监军，结果引起全师
反对。为不使矛盾激化，孙传芳只得收回成命，另任陈仪保举
的石铎和伍文渊为代理旅长。之后，孙传芳又派郑俊彦出任第
六师师长，派心腹谢鸿勋担任浙军第四师师长。至此，孙传芳
稳定了浙江军队的局势，巩固扩大了军事实力，为其今后的继
续发展奠定了基础。

其二，孙传芳为了稳固浙江地方政权，收买人心，也采取
了财政公开、减轻赋税等举措。

1924年10月下旬，9月17日，北京政府任命孙传芳为浙
闽巡阅使兼浙江军务督理，孙走马上任之后，"对浙人宣布治
浙方针：一、全省预算决算概准十二年成案，不再增加人民负
担；二、实行军民分治，以浙人治浙；三、浙省原有陆军与中
央各师旅一律待遇；四、苛捐杂税有害商民者悉除之。"① "孙
氏对于辖省民政，力主公治，用人行政，从不干涉，且所部军
人，尤悬厉禁。地方财政绝对公开，与主计者以量入为出之
权，切戒减轻人民负担，培养元气。"② 为了帮助贫困地区减
轻负担，他下令富裕省份接济贫困省份。1926年7月，浙江
省嘉兴等地发生严重的螟虫灾害，粮食收成锐减，灾民生活困

---

① 章伯锋：《联军志略》，《北洋军阀》第四册，武汉出版社1990年版，第
224页。

② 同上书，第232页。

难。孙传芳得知后，立即指令嘉兴县官，凡受灾严重地区，"核减粮赋，俾苏民困"。① 他为了收买人心，自己掏腰包"捐助除螟费洋一千元"。②

自近代以来，武人当道，军阀割据，各地百姓苦不堪言。仅以军费一项开支，就成为当地百姓的沉重负担，严重影响当地的经济发展。有人云，中国一贫如洗的原因，就在于军费日日在增加。自民国以来，浙江的军费也在年年增加，"一加于杨德善，二加于卢永祥之收抚藏杨部队"。③ 为此，浙江百姓怨声载道。孙传芳据有浙江后，为了赢得民心，巩固政权，特提出减少军费，以苏民困。"洎乎孙氏入浙，既有不在增加兵费，以重苦浙民之宣言，乃今果以每月缩减军费。""万国之消息闻，有孙氏既可膺言行合一之美誉，在浙省，又可开财政整理之先风，事诚而两得也。按浙省财政，据十四年之决算，尚亏四百九十万圆，兹经蔡财政厅长之整顿税务，年可盈收约六十万圆，再益之以此次缩减军费，年约一百二十万圆。""浙江省十四年度国家预算，收支相抵，原不敷四百三十万元，蔡财政厅长，就田赋屠宰税等等，大加整顿，约可盈收六十万圆，惟闻军费一项，由孙总司令核定，每月可减十万元，年计一百二十万元，亦财政前途之大好消息。"④

孙传芳统治浙江时间虽短，但却出台了许多发展浙江经济的举措。如"增修浙江省道，整顿浙江沿海渔业，计划开浚浙省南湖水利。援助东南工商界赴美国赛会，载誉归来，得以

① 《申报嘉兴史料》第5卷，香港新世纪出版社1990年版，第123页。
② 《地方通信》，《申报》1926年5月8日。
③ 《时事纪要》，《大浙江报》1926年4月10日。
④ 《浙财政开源节流》，《大浙江报》1926年4月10日。

保持国际间地位及体面。荦荦诸大端，成绩具在，成案可稽"。浙人对其称赞有加，有浙江知名人士曾这样肯定孙传芳据浙之后的举措："去年江浙战兴，卢公兵临前敌，浙东半壁空虚，我公长驱直入不损一兵不折一旅，奄有浙土。……嗣因我公推诚相舆，尊重民意，礼贤下士，相见以诚，浙人知公无他，浙将爱卢之心，移而爱公，宾主只见化矣。"① 孙传芳在浙江的施政举措，果然令浙人对其刮目相看，也使其在浙江站稳了脚跟。

　　尽管孙传芳为了巩固政权，在浙江采取了诸多怀柔政策，但是这些举措难以掩盖其军阀的本来面目。自入浙后，孙传芳一天也没有停止他的军事行动。1924 年 10 月 18 日，他派部将周风岐镇压宁波的自治运动。1924 年底，孙传芳又派兵占领了江苏松江地区，同年底，他又调其精锐部队卢香亭率第二师第四旅及第二师第八团开赴嘉兴，攻打浙江原第四师师长陈乐山。之后，孙传芳又与江苏的齐燮元组成江浙联军，向上海宣抚使张允明发起了进攻。1925 年 10 月，他又发起浙奉战争。由于他穷兵黩武，连年征战，浙人对其厌恶至极，多次发起倒孙运动，决意驱逐孙传芳的军队出浙境，以还浙江和平安宁的环境。

二　孙传芳统治浙江期间，浙江的自治运动再度趋向高潮

　　在 1925 至 1926 年浙江自治运动发展演进的过程中，军阀孙传芳扮演了一个支持者抑或是推动者的角色。

---

　　①　《浙孙赞同保境中立之函电》，《申报》1925 年 1 月 31 日。

"据云，孙省政府，对中央之一种敷衍手段，与省自治前途，并无影响……且闻孙夏两长，颇知尊重民意，湖南省宪，又为执政所赞同，故此次省自治法，决可望依限公布，不致蹈两次制宪之覆辙也。"① 正是在如此宽松的政治氛围下，浙江的自治运动才得以继续开展。1925 年 7 月 9 日，浙江省自治法会议制定并通过《浙江自治法》。孙传芳也为其政治目的，同意公布自治法。"控制苏浙皖赣闽五省之孙传芳，欲以联省自治为掩护，保持其地盘。遂于上（十四）年召开浙江省自治会议，而于本日公布《浙江省自治法》一八四条及《浙江省自治法施行法》十三条。惟地方人民，皆漠视之。"②

1926 年 1 月 1 日，自治法会议对外公布了浙江自治法。同年 12 月 18 日，浙江各界联合会宣布成立浙江省人民自治政府，至此，浙江自治运动达到高潮。

孙传芳之所以赞同浙江自治，并非真正认同民主政治，而是为了利用自治这块招牌，建立并巩固东南五省割据政权。同时还可以阻止外省军阀势力的入侵，可谓一举两得。

孙传芳担任东南五省总司令后，多次发表演讲，表示捍卫东南五省地盘的决心："任何方面的军队，有侵入我们五省范围的，就是五省人民的公敌，我一定要代表五省人民，迎头痛击，驱逐他出境。"③ 自袁世凯死后，北洋中央政府日渐衰微，各地军阀占据一省或数省为王，割据称雄，拥兵争霸，完全弃中央政府于不顾。"没有一个军阀肯为统治阶级的整体利益而

---

① 《浙省自治可望实现》，《申报》1925 年 2 月 26 日。

② 浙江省档案馆编：《浙江民国史料辑要》上册，第 435 页。

③ 《孙传芳昨假总商会招待各界》，《申报》1926 年 5 月 6 日。

牺牲他个人的利益"。① 但是孙传芳们这样做似乎与他们表面上倡导的忠孝之义是相悖的，恰好可以利用所谓的省自治或联省自治作说辞，这样他们独立于中央政权之外就有一块体面的遮羞布了。正如陈独秀一针见血地指出的那样，军阀们搞的"所谓联治，不过联省自治其名，联督割据其实，不啻明目张胆提倡武人割据，替武人割据的现状加上一层宪法保障"。②

其二，孙传芳支持自治，也是为了顺应舆情，博得为民造福的好名声，同时也可获得江浙绅商的好感和支持，获得充足的军费来源，从而巩固自己的地盘，保存自己的实力，不受中央牵制。

20 世纪 20 年代，自治从湖南展开，风靡全国十几个省，已俨然成为一种潮流。自治成为民心所向，孙传芳当然不敢公然违背民意，而且他还常常借用民意，达到自己的政治目的。1925 年的浙奉战争，就是孙巧妙地利用了江浙地区的反奉运动，并在江浙地区取得了大量军费，借机发动战争，将奉系驱逐出江南。"闻孙氏此次出兵攻击奉张，筹措军费五百五十万元，除私财三百万元外，在杭州上海各筹百万元，在南京筹五十万元。"③

可见军阀也是非常善于利用民众运动达到自己的目的。孙对于自治，自然是不会公开反对。孙以为只要自治掌控在一定的范围内，不足以撼动自己的军阀统治，高喊几声自治的口号，给知识分子们一点甜头尝尝，也未必是一件坏事。更何况

① 张鸣：《武夫当国——军阀集团的游戏规则》，陕西人民出版社 2008 年版，第 15 页。
② 同上。
③ 《驻杭日领之时局谈》，《申报》1925 年 4 月 25 日。

支持自治，可以博得江浙绅商的好感和支持，从而从他们身上获得更丰厚的利益回报，何乐而不为呢？因此孙传芳所谓的"省自治"实际上是"省割据"。

三　孙传芳利用浙江自治抵制北伐军入浙

北伐战争后期，孙传芳企图利用浙江的自治力量阻挡北伐军进入浙江。

1926 年 11 月初，孙传芳在江西战场上一败涂地，他的第一、第二、第三方面军被北伐军歼灭殆尽。1926 年 12 月 11 日，北伐军又乘胜进攻浙江，此时敌对双方力量对比发生明显变化，北伐军实力大大超过孙传芳的军队，孙传芳在江西战场上遭遇惨败，自视难以保住浙江，但他又极不甘心失去他多年苦心经营的地盘，因此他企图利用浙江民间的自治力量来阻止北伐军进入浙江。

为了利用浙江自治派阻挡北伐军进入浙江，孙传芳向浙江各界法团绅商表示："顷闻党军已开抵严州停止进行，以诸公爱护桑梓，义愤热忱，素所钦企。当此祸迫眉睫，岌岌可危，务盼结合公团速向党军严词峻拒，限期克日撤退出境。俾免糜烂地方，利害存亡间不容发。诸公痛念切肤，解此倒悬，为闾里造福，曷有涯矣。"① 为了拉拢浙江军事实力派和自治派，1926 年 10 月 16 日，孙传芳任命浙军第一师师长陈仪为浙江省省长。陈仪为人谦和，善于处理各方面的关系，他对于孙传芳表面上是恭恭敬敬，"完全以孙之意为意旨"。早在夏超秘密联络周凤岐浙三师谋求独立之时，镇守徐州的浙一师师长陈

---

① 《杭州快信》，《申报》1926 年 12 月 19 日。

仪就审时度势，生怕夏超独立起事匆忙，独立不成会牵累自己，也担心孙传芳会引奉直鲁军队南下侵犯苏浙，于是陈仪即刻派他的哥哥陈威赶赴南京，向孙传芳的参谋长刘宗纪表明心志，"所部驻徐，为江苏保门户，即为浙江保门户，决不移动"。[①] 这真令孙传芳有些感动，有点危难见真情的意思。因为孙传芳原本十分担心陈仪的浙一师响应夏超的号召，班师回浙。如今陈仪的态度，给孙传芳吃了颗定心丸。因此孙传芳在撤去夏超浙江省长之职后，即任命陈仪为浙江省省长。

浙江各界人民所追求的是没有硝烟的自治，他们希望浙江能避开战争，避免人民受战祸之苦，主张将浙江划为停战区，国民党军和孙传芳的联军均不得进入。当 1926 年 12 月，蒋介石命何应钦率北伐军东路军由福建进入浙境时，杭州各界联合会立即电请国民革命军与孙传芳均勿进入浙境。给蒋的电文中称："南昌总司令部速送蒋总司令鉴：叠闻乡人传述，我公爱护桑梓，避免兵戎之意，全浙人民，同深感佩。顷闻浙边颇有贵部军队前进，诚恐前方未能仰体我公爱乡之忧，致有此举。今恳迅电阻止，仍驻赣边，以待商榷，则浙人皆拜公赐。迫切陈词，伫候电复。浙江省议会杭州总商会佳。"给孙传芳的电文中如是说："南京孙联帅钧鉴：浙边党军，现由公侠省长，致电前方驻军，阻止前进。我公视浙为第二故乡，爱护之忱，定必始终如一。"[②] 浙江人民要求和平反对战争的呼吁得到全国人民的声援和支持。11 月 23 日，中华民国各团体联合会同时向蒋介石、张作霖和孙传芳发去电文，要求三方撤兵，还江浙以和平。其电文称："（一）电请蒋介石停止进攻皖苏浙，

---

① 严如平、贺渊：《陈仪全传》，人民出版社 2001 年版，第 29 页。
② 《党军入境后之浙人表示》，《申报》1926 年 12 月 11 日。

三民五权请先在两广两湖实行，以作模范。（二）电请张作霖保障边地以重国权，令张宗昌勿派兵南下，以重三省人民公意。（三）电劝鲁张勿派兵南下。（四）电请孙传芳实践官民合作之宣言，撤退淞沪驻兵，以民政还诸三省人民，一面收束军事整顿江浙。"①

　　11 月下旬，北伐军派王俊的第三师向浙江的衢州进发，孙传芳的联军闻讯也向浙江开来，陈仪担心浙江卷入战争，为了使浙江人民免受战火的荼毒，希望以浙江自治的名义，阻止北伐军入浙。为此，陈仪特派与北伐军关系良好的周凤岐到衢州与北伐军联系，希望北伐军停止前进。此时，北伐军已有六个团的兵力进入浙江的常山、衢州和龙游等地，12 月 11 日，周凤岐与北伐军协商一致，北伐军停止前进。当周凤岐把这一消息急电告知陈仪，陈仪十分欣慰，陈仪在 12 月 14 日以省长的名义发出省公署公文，"电劝孙传芳即日取消浙江总司令部及退出驻扎浙境之联军。一方又电蒋介石，请其爱护桑梓，令南军退出浙边，使浙江得实行自治"。② 孙传芳接到电报后，为了利用浙江的自治运动阻止北伐军进入浙江，所以他回电表示对浙江的自治运动完全支持。为了表明他支持浙江自治的态度，他对浙江省长陈仪表示："但得避免兵祸，芳无不乐从。"③ "略谓浙省有能力，使党军退出浙境，则浙省即自治矣。"④ 当陈仪向孙传芳转达浙人要求组织自治政府之意时，孙又佯答陈仪可以"便宜行事"。他甚至还表示："如浙人实

---

①　《各团体对时局表示》，《申报》1926 年 11 月 23 日。

②　《浙局紧张中之要讯》，《申报》1926 年 12 月 15 日。

③　《浙江紧张中实行自治运动》，《申报》1926 年 12 月 14 日。

④　《今晨消息》，《申报》1926 年 12 月 24 日。

行自治，渠可放弃浙江。"① 12 月 22 日，陈仪又派周承菼赴宁面见孙传芳，当浙江代表周承菼抵宁"请孙撤回长安嘉兴间联军，俾浙实行自治"，孙信誓旦旦表示"本人决不破坏浙省自治"。② 为了阻止北伐军进入浙江，安抚日趋离心的浙江地方实力派军人和地方绅商，孙传芳同意浙江绅商的请求，允许陈仪率领浙军第一师和周凤岐所属的浙军第二师调回浙江。同时还将部署在浙江的嫡系部队全部撤到沪杭、沪宁线上，孙传芳的这一举动表面上看似乎已向浙江的父老兑现了诺言，即将浙江还诸浙人。但实际上，他的部队随时都可以反击入浙的北伐军。

　　虽然孙传芳对浙江地方实力派百般讨好拉拢，但同时又对他们充满了猜忌和防范之心。因为自北伐军开战后，浙江各界掀起了一个自治运动的热潮，而浙军普遍倾向于自治，尤其是夏超独立事件后，浙江的实力派将领陈仪、周凤岐都积极支持浙江自治，因此孙传芳心里很清楚，浙江实力派很有可能要摆脱他的控制，实现浙江的独立。所以他表面上答应浙江省的自治，实质是企图实施借刀杀人的诡计，利用浙军打头阵来抵制北伐军入浙。为了防范浙江实力派的异动，同时也是为了阻止北伐军进入浙江，他在浙江周围做了周密部署。他调卢香亭的第二师由常州移驻上海，孟昭月的第八师进驻松江，彭德铨的第四师驻防常州，冯绍闵的第七师、白宝山的第五师两部驻守宜兴、长兴，并且命令福建周荫人的残余部队由福建开入浙江南部温州一带布防。孙传芳的以上部署，说明他表面上对浙江的统治十分宽松，实则已布好了天罗地网，只要浙江脱离他的

①　《特务记者之杭州观察谈》，《申报》1926 年 12 月 19 日。
②　严如平、贺渊：《陈仪全传》，人民出版社 2001 年版，第 27 页。

统治，他就立刻采取镇压行动。12 月中旬，孙传芳察觉浙江
实力派军人周凤岐和自治派的领袖褚辅成等暗中与北伐军联络
密切，周凤岐甚至已加入北伐军，因此，他立即改变对浙策
略，由利用浙江实力派而改为直接军事镇压。

四　孙传芳的军事镇压导致
浙江自治的失败

（一）　孙传芳镇压浙江自治运动

　　尽管浙江的自治派和地方军人等成立自治政府所孜孜追求
的只不过是借自治拒绝客军入浙，但求浙境自保。但是就连这
一点可怜的愿望也难以在军阀的兵锋下实现。孙传芳表面上答
应浙江的自治，而实际上则调兵遣将，早已准备对自治派和浙
江地方军人下手。1926 年 12 月 14 日，孙传芳任命孟昭月为
第三方面军司令，统帅第八、十一、十四师及第四师一个旅，
要他在浙江政情发生变化时，急调大军前往迎堵。18 日，孙
又密电孟昭月："鞭指湖杭。"① 孟也就"誓本联帅讨赤精神，
躬率将士，彻底讨伐"。② 当天孟昭月发出了通电及布告，指
责自治党人"间有便衣党人窃据杭垣……阳托自治之名，阴
行扰夺之实，忍无可忍始加迎击"。③ 孟昭月随即带兵悍然进
军杭州，包围省政府，将陈仪扣押在梅花碑省长公署，并收缴
第一师驻杭部队枪械。"联军因李俊义部已到湖州，后路巩
固，故自马（二十二）日起开兵入杭州，又湖州商团已被缴

---

①　严如平、贺渊：《陈仪全传》，人民出版社 2001 年版，第 34 页。
②　同上。
③　《孟昭月之通电》，《大浙江报》，1926 年 12 月 12 日。

械。第八师两团、第四师一团，约四千人，先到杭，即开往闸口。"孟昭月部马（二十二）日午三时起，陆续到杭，陈仪军一部，已被缴械，陈及蒋尊簋均离杭。"①

　　孟昭月将陈仪扣押三天后，又将其押解到南京五省联军司令部，此时的陈仪军队听到师长被扣押后，群情激愤，表示要公开宣布接受改编为国民革命家第十九军，但第一师干部担心此举会对陈仪不利，所以只好按兵不动，在嘉兴等待时机。孙传芳的部将参谋长刘宗纪、总参议蒋百里均与陈仪私交甚好，听说陈仪部队谋反之事后，劝孙将陈仪释放，以便陈仪对第一师加以安抚，有利于浙江局面还掌控在自己手中。孙传芳面临北伐军大举入浙的态势，无可奈何，权衡再三，下令释放陈仪，责令其收抚第一师，移驻扬州。陈仪被释放后，离开浙江转道上海蛰伏起来。12月23日，孙传芳撕去伪装，公然镇压自治力量。他命令淞沪戒严司令和警察厅长，公然取缔苏皖浙三省联合会等团体。缉拿其领袖蔡元培等七十余人。自治派在军阀的枪刺下随之解散，浙江自治只是昙花一现。

（二）浙江自治运动失败的原因

　　导致浙江自治运动的失败，除了孙传芳的军事镇压之外，还有诸多内外因素。

　　首先，浙江自治运动失败的根本原因是"省宪自治"或"联省自治"这条道路在中国走不通。

　　自近代以来中国已沦为半殖民地、半封建社会。在帝国主义和封建势力的双重剥削和压迫之下，中国积贫积弱，沦落为"东亚病夫"。所以当时中国的首要任务是"反帝"和"反封

---

① 《自治瞬成陈迹》，《大公报》1926年12月24日。

建"，实现国富民强。如果中国在不推翻帝国主义和封建军阀的前提下，实行所谓民主制度，通过一部省宪法，实现本省自治，民主选举省长和地方官员，就可以避免军阀割据和混战，进而实现国家的统一，就会给人民带来自由民主，这是一种不切实际的幻想。正如中国共产党批判的那样："中国的奇祸大乱，根源在于政客、官僚和军阀的捣乱，如想扫除祸乱，只有革命。"他们指出："联省自治"，实质是"联督自治"，其危害是"不但不能建设民主政治的国家"，只能"给武人割据的现状加上一层宪法保障"。在封建军阀统治下实行"联省自治"，只能造成一般武人割据的诸侯。正确的道路应该是："用革命的手段从反动派代表军阀首领手里夺取政权"。① "解决中国问题的根本办法是用民主主义战胜封建主义"，"绝不是依照现状的各省联合为一联省自治的政府，和北京政府脱离就算完事"。②

其次，中国自古以来就形成大一统的局面，中央集权制已有一千多年的历史。由于军阀混战割据，人民饱受战争之苦，迫切希望中国结束战乱和军阀割据的混乱局面，进一步加强中央集权，建立一个真正的民主共和国，早日实现国家统一。正如梁启超指出的："吾国今日所最渴望者，在得一强有力之中央政府，盖非是则不能整齐划一，其民以图竞胜于外。"③ 联省自治运动，只能造成中央政府权力式微，地方权力扩张之势，形成一个"中央虚置政府"的结果。这种结果只会加深国家的分裂，扩大地方的离心倾向。只能使军阀割据的现象日

---

① 谢俊美：《政治制度与中国》，上海人民出版社 2005 年版，第 466 页。
② 同上。
③ 同上。

益加剧，使国家始终处在混乱不堪的状态。有人一针见血地指出："联邦制行于中土，祸乱正未有艾也。"① 所以，实行联邦制，只能是历史的倒退。

再次，以浙江为例，自浙江实行省宪自治以来，浙江不但没有实现"保境安民"，而且军阀混战有增无减，日益加剧。如1923年卢永祥和齐燮元之间的江浙战争，1924年，军阀孙传芳发动江浙战争夺取浙江后，同年底，孙传芳又派兵占领了江苏松江地区。之后，孙传芳又与江苏的齐燮元组成江浙联军，向上海宣抚使张允明发起了进攻。1925年10月，他又发起浙奉战争。所以军阀们只是借助于"自治"来巩固割据政权，对外图谋扩张势力和地盘，军阀们所言自治，完全是为了邀卖人心，是粉饰门面的工具。

最后，民族资产阶级的数量微弱且又存在着软弱性等特点，因此，依靠此一阶级是无法在中国实现民主宪政道路的。首先这一阶级在政治斗争中功利性太强。他们往往从各自的政治功利标准出发，将自治当作政治工具来使用，纵横捭阖，失却了目标的专一性。其二，资产阶级存在着软弱性，他们自身缺乏足够的力量，所以不得不向地方小军阀寻求支持。而地方军阀为了在南北战争中保存地盘，便抓住自治作幌子，支持资产阶级的联邦制主张。资产阶级错误地把地方军阀引为实行联邦制的同类，这便使自己的活动从一开始就埋伏着失败的危机。

所以中国近代无数史实证明，实现联省自治的资产阶级改良方案不适合中国的国情，是完全走不通的。

第二，省宪自治派内部派系重重，矛盾纷争，导致自治力

---

① 谢俊美：《政治制度与中国》，上海人民出版社2005年版，第466页。

量无法形成合力。

　　卷入浙江省宪自治运动的阶级、阶层、集团和个人十分广泛，既有浙江军政当局，也有浙江地方绅商，同时还有民间各职业团体，他们虽然在"省宪自治"这一点上具有共性，但利益的不同使他们在如何制宪、怎样自治等问题上存在很大分歧。以褚辅成等为首的浙籍名流，"大部分是国家主义者，好几年来他们很少卷入浙江省的事务"。① 他们之所以回浙领导自治运动，是想取得浙江省的地方领导权。以章太炎为代表的一些旅居省外的名流，则强调"以浙江人治浙江"。以省议会部分议员为代表的地方士绅的着眼点在"自治"，通过扩大地方权力来扩大他们自己的权力。民族资产阶级则强调"职业政治"，排斥政客等无职业者参政，并借以"改造议会"使"议会遂为代表职业之总机关"。② 小资产阶级知识分子强调"以浙江平民治浙江"，③ 而"反对军人割据的自治"、"政客垄断的自治"、"省民排外的自治"、"脱离国家的自治"。

　　此外，制宪派内部也是派系林立，矛盾重重。当时就有人把浙省自治派分为几大派，一为权力派，他们把制宪看成是争权夺利的工具。一为嫉妒派，他们无权参与省宪的制定，置身于名利之外，所以对于省宪的制定，无论好坏，只要是别人制定的，便一概反对。由此可见浙江自治运动开展过程中所产生的内部派系之复杂，矛盾纷争之激烈。而省宪自治派内部派系纷争，终究导致自治力量无法形成合力，使自治运动陷于失败

---

① 林孝文：《浙江省宪研究》，西南政法大学博士学位论文 2009 年，第 111 页。

② 陶水木：《浙江省宪自治运动述论》，《杭州师范学院学报》1994 年第 2 期。

③ 同上。

境地。

五　孙传芳镇压浙江自治将江浙人民的反军阀争民主斗争推向高潮

孙传芳的军事专制统治，尤其是他镇压浙江人民的自治运动，剥夺人民的民主权利，使浙江人民逐渐看清了这个所谓"爱民如子"的军阀的嘴脸。所以江浙两省的人民不仅掀起声势浩大的反对战争，要求和平自治的运动，同时也开展了反对孙传芳的暴政，争取人民民主权利的斗争。

1926年11月14日，苏、浙、皖三省联合会在上海成立，他们向孙传芳发出通电，提出三项要求："（一）划苏皖浙三省为民治区域，一切军政民政、应即由人民分别推举委员、组织各委员会处理。（二）三省人民直接推举代表与广州及奉天直鲁方面接洽和平。（三）三省以内军事行动、应即日停止。"①

三省联合会主张自治，避免兵祸的通电发表后，浙江人民也颇为赞同，他们纷纷成立各种团体组织，如浙江即成立了"浙江和平同志会"、"浙民自决会"等。浙民自决会成立后即提出对于解决时局的主张："（一）电请陈浙省长本保境安民之旨，拒绝客军入浙，遣散溃卒以安闾阎。（二）赞成淞沪为特别市由市民治理，市政联络各公团一致进行。（三）电张作霖，请其顾念民意，令南下鲁军撤回原防。（四）请全国名流，以国民资格召集民国会议，解决国是。（五）请电各军事

---

① 《苏浙皖三省联合会正式成立》，《申报》1926年11月15日。

当局，尊重民治。"①

　　1926 年 11 月 24 日，苏、浙、皖三省联合会又向孙传芳发出通电："（一）孙传芳分属军人，自始不应与三省政治发生关系。现既弃军他往，以后孙氏行动表示，当然完全与三省无涉。（二）吾皖苏浙三省已声明划为民治区域，此后主体即为人民，奉直鲁首领如有对三省军事行动，即为对于人民作战，吾三省人民誓以民意抵抗之。（三）现在三省范围以内，军队赞护三省民治主张，吾三省人民应供其给养，仍认捍卫地方之责，否则视为公敌。抑更有言者，本会同人以匹夫有责之义，愿为吾三省民众作先驱。所有目前应为之事，敢竭其力虽死不渝。惟寒电所举一二两项，关于将来三省正式民治政府之组织，自应属于三省全体人民。暨各团体速即奋起，共作整备。"② 1926 年 11 月 26 日，苏、浙、皖三省联合会从报纸上得悉奉张和直吴控制的北京政府要与上海香港英国商会借款五百万，将由顾维钧在北京签字消息之后，立即致电北京英国公使以及港沪英商会，表示对此事坚决反对。电文称：苏皖浙三省人民正在竭尽全力使三省划为缓冲区域，反对奉军南下，以实现长江和平之局面，使人民获得自治的权力。如英国商会借款给直鲁军充作军费，那就是："假手军阀，助长内乱，根本破坏长江和平，实无异对于三省人民作战。"他们要求英国公使立刻下令："令贵国商人停止此项借款，以重民意而顾邦交。"③ 11 月 26 日，浙江各界联合会也向上海香港英商会、北京英公使、上海香港英领事等去电："据报载贵国在华商人有

---

　　① 《浙民自决会开会纪》，《申报》1926 年 12 月 6 日。

　　② 《省联合会二次委员会纪》，《申报》1926 年 11 月 24 日。

　　③ 《各团体反对外债文电》，《申报》1926 年 11 月 26 日。

于确实担保之下贷款奉鲁军阀五百万镑，使其军队南下等情，敝会认此举为违反中英人民合作之谊，于贵国在华地位实为不利，谨代表全浙江人民提出抗议。"①　此外，浙民自自决会也召集紧急会议，拟定应付时局的对策。会议决定："继续反对奉军南下，请三省联合会力求上海永不驻兵之目的，以固我浙省之屏沈，反对北京大借款，诘责国务院，献媚军阀，助长内乱，实为莫大祸国之罪恶。"②

　　北伐军攻赣后，孙传芳为了加大战胜北伐军的筹码，与昔日的敌人奉系张作霖相勾结，引奉军南下，给东南五省造成了战祸的恐慌。在此兵联祸结的危急时刻，江浙人民强烈反对，他们纷纷发表通电，声讨孙传芳。"孙传芳潜行北去，竟作乞师之举，今且公然首名通电拥戴张作霖为安国军总司令，招引暴军深入腹地。半月以前孙氏犹自称五省总司令，保境安民系其职责，文电具在，一日尽反所为，引狼自卫。以后如因奉鲁军入境之故，党军亦致入境，促成三省战事，其责任完全应由孙传芳一人担负，吾三省人民不可不珍重注意。此为孙传芳祸吾三省，永永惨痛之纪念。夫鲁军在其本省搜括民财至一万数千万元以上，诛戮异己，压迫言论，鲁省有识之士至对于孙吴有二公，何不自救桑梓之语。孙传芳曾称三省为其第二故乡，今乃真欲以其故乡所受之祸贻吾三省，吾三省人民虽死不能任受，事势紧急，祸在眉睫，务望三省以内各团体暨全体人民各尽其力，之所能至共起声讨，并心一致，挽此浩劫。"③

　　1926 年 12 月 15 日，全浙公会又致电浙江省长陈仪，表

---

① 《各团体反对外债之表示》，《申报》1926 年 11 月 26 日。
② 《各团体关于时局之会议》，《申报》1926 年 11 月 30 日。
③ 《三省联合会之两要电》，《申报》1926 年 12 月 5 日。

示反对陈仪为孙传芳在浙江搜刮军费 50 万。电文称："陈师长鉴：孙传芳自赣战失败，不惜肉袒降奉，受盟城下，其倒行逆施，人格扫地，本会曾于冬电辞而斗之，并声明此后孙氏对浙一切表示行动为无效，今阅报载，孙复电令苏浙皖三省各先筹军费五十万元，意在履行所谓蔡园会议之条件，且近日兵车络绎开入浙境，闻以嘉兴为第一防线，松江为第二防线，是其对浙用兵之心已不可拼，岂能复以浙民有限之膏血，为孙氏祸浙屠民之供给，浙民虽懦，安能默忍？公以浙人主张，当知三千万人命之关系，与孙氏个人孰为重轻，应请查照冬电办法，正其顺逆，拒绝军用上任何接济。不胜祈祷之至。"①

12 月 18 日，苏、浙、皖三省联合会又分别向江浙地区的军事高官龙华卢师长、上海李司令、嘉善孟师长、宜兴冯师长、常州白师长、松江王师长、溧阳李师长、嘉兴韩旅长、苏州上官旅长发去电报，剖析军阀割据的危害，希望他们悔过自新，彻底觉悟。电报称："窃览数年以来国民心理所苦有二，其一国内战祸之蔓延，又其一则政治上之进步绝望是也，而其责不能不由军阀负之。军阀以拥护一己权利之私，不恤厚植其力，以固地盘，占据一省不足而数省，方其有一省时，省以外皆敌也，及其兼有数省时，数省以外仍皆敌也，以故在同一政府之下，而甲乙军阀又以互斗，利害相冲突则传檄讨贼，一旦屈服又称若弟兄，同时于其所占领之区域内，任命官受号令自专，公然破坏国家之统一。明明国防军队，一变而为防省，又以其防省结果扩大而为乱国之原，试问军阀此种行径，罪恶具在，果有丝毫理由足为彼自由之根据否乎夫？不标革命之旗帜，而自由专横如此，若任长此不变，国家人民岂复有存在之

---

① 《全浙公会要讯汇志》，《申报》1926 年 12 月 15 日。

余地。吾三省民众爱好和平，希望国内军阀能有共同悔过，彻底觉悟之一日。"电报同时还愤怒声讨孙传芳为一己之私利，勾结奉系军阀南下与北伐军作战，罹祸江南百姓的罪行，希望他幡然悔悟，率领军队离江浙而去。其内容为："孙传芳氏固为军阀之一，往事且勿论，即以其最近经过，言之不亦，可以已乎，赣不守，五省范围已破谢，宾南百战之将为彼一人致殒其身，而孙氏犹不自省，且复招引凤所怨对之师，速其南下敲脂吸髓，以喂虎狼，若曰：吾以予吾民也，毋宁以予吾敌不诚，日暮途穷，倒行而逆施乎，今者导火之线，瞬将爆发，浙西江南各地行见毁作战场，孙氏苟有几希自爱爱人之心，<u>应速表明态度，离去军队</u>。"①

江浙人民反对军阀孙传芳军事暴政的斗争，在中国人民民主运动史上具有十分重要的意义。

其一，江浙人民反抗军阀孙传芳的斗争，戳穿了封建军阀孙传芳所谓"保境安民"的假面具，使江浙人民进一步认清了军阀孙传芳的反动本质。

1926年12月16日，上海全浙公会为了声援上海市的自治运动，公开发表宣言，历数孙传芳祸害上海市民的罪行，揭露孙传芳假爱民，真害民的实质。宣言中揭露：孙传芳在浙江的时候曾经公开表示要把危害人民，作战事导火线的制造局迁移，使他离开淞沪。兵工厂本来早已停工，归商会保管，他硬要夺过来把他从新开工"赶制杀人的利器"。宣言愤怒地指责：孙传芳设置淞沪督办的目的不过是搜刮人民的钱财而已。"我市民多年以来给过无量数的钱，究竟买的什么菜，开的什么账，从来不曾见过面。""这个厨师到来，要替大家弄菜，

---

① 《三省联合会委员会纪》，《申报》1926年12月18日。

究竟是谁请他来的，硬要向人给钱，方才知道所谓赞成上海市组织，撤掉兵工厂等等话都是欺骗市民的鬼话。"宣言还揭露：孙传芳将闸北市公所同工巡局全部占为已有，还命令军队将上海保卫团缴械，这种行为根本不允许市民自治。宣言最后呼吁："希望我全浙人民一致起来在军阀淫威之下争回我市民的自治。"①

其二，江浙人民的反军阀斗争，沉重地打击了孙传芳军阀势力，充分显示了江浙人民大无畏的战斗精神。例如 1926 年 12 月 11 日，皖苏浙三省联合会得知张宗昌来电，责成孙传芳在苏皖发行军用票至少每省以一千万元为起点，又听说孙传芳拟募集省公债一千万，又命令银行发行特种兑换券。苏皖浙三省联合会立即向苏、皖、浙各县县议会、各市公所、教育会、农会、工会、商会、筹产处等各省机构发出电文，号召他们奋起抵制。电文称："孙传芳既竭吾三省人民之膏血，为乞怜求救之礼物，复将以三省人民养亲育子之资，供其受降新生争地杀人之用。故旬日之间，省委络绎于道，守提款项名目繁多，提现不足复预仅漕粮。试思吾三省频年兵燹，重以偏灾，商市萧条，百业俱弛，盖藏匮乏卒，岁无谋购，此凶残何可忍受所望，吾代表民意之各公团及近事保守地方款产之各机关，注意最近事实，于苛征军费提拨公款预借漕粮等事予以严重拒绝，即各地县官税吏虽在职为官，而在省为民，当此祸临眉睫，亦当激发天良，顾念大局，对于军需供应不法诛求，一概谢绝征解，为地方保一分元气，即为子孙留一分余地，倘使自侪厮养，甘为鹰犬，则事平论定必不能逃我人民之公判也。"②

---

① 《全浙公会对上海特别市运动宣言》，《申报》1926 年 12 月 16 日。
② 《三省联合会之两要电》，《申报》1926 年 12 月 11 日。

1926 年 12 月 23 日，皖苏浙三省联合会听闻孙传芳在向外国军火商大肆购买军火，意图再战。立刻向英、美、日、法、意、比、荷、法等各国公使致电，要求各国严守中立，拒绝卖军火给孙传芳。电文称："战败之孙传芳，尚在向西商密购军火，谋在皖苏浙三省境内，继续其无希望无意义之战斗，皖苏浙三省人民极端反对其所为，各国对于吾国内战，应守严中正态度，若有接济孙传芳军火，增加其战斗力之情事，即不啻假手孙传芳以与我三省人民作战。"因此，三省联合会要求上海江海关能立即出面阻止此事："请贵总务司严饬所属各关税务司遇有此类军火入口应即切实扣阻。"① 江浙人民以上的行动，对于打击和削弱孙传芳的军事行动，起了十分有效的遏制作用，表现出江浙人民大无畏的勇敢战斗精神。

其三，江浙人民反抗军阀孙传芳的军事暴政，争取政治权利的斗争，推进了江浙地区的民主运动。

自苏、皖、浙三省联合会发表通电，提出苏、皖、浙三省军政民政由人民管理后，三省内的人民团体纷纷发表宣言，赞同并支持三省联合会提出的"主权在民"思想。如上海总工会发表宣言提出："一切军民两政归吾民处理、确属解我倒悬之唯一急务。"他们认为，如果三省联合会能为三省的民主竭尽全力，能使三省避免战祸，不但三省人民，就是全国人民也会大力支持，"各地人民亦必为之风从"。② 沪北商学会也发表通电，声讨十数年来军阀割据混战给百姓带来的深重灾难，支持三省联合会的政治主张。他们认为，自民国

---

① 《三省联合会之要电》，《申报》1926 年 12 月 20 日。
② 《各团体发表时局意见之昨闻》，《申报》1926 年 11 月 16 日。

元年至民国十五年以来，兵联祸结，军阀名义上高唱"救国、保境安民"，而实际上为争权夺地而混战不已。他们残杀同胞、扩张地盘、搜利民脂民膏、暗结外援、举借亡国债款如此种种，不一而述。他们一针见血地指出：孙传芳提出所谓的保境安民："更属武人视国土为己有、视人民为奴隶之饰词、试执途人而问之、对现军阀之行动、可决无一人承认其言者。"沪北商学会极为赞同三省联合会提出的三省范围内的政权由三省人民自己管理的政治主张，他们呼吁各省："父老各团体群起仿行，为民治运动誓同奋斗。"① 上海学联会对三省联合会的政治主张更是鼎力支持，他们指出：人民自治如能实现，"则岂特三省人民得以解脱军阀之统治、而亦全国统一的民主政治"亦能走上正轨。但是他们认为要实现此一目标，必须"三省农工商学各界人士、共起团结一致言动"。② 上海大学浙江同乡会在支持三省联合会的通电文告中指出："但欲贯彻主张，空言无补。欲求民治之实现，必先解除武人之军权，深望各界同胞奋起自图，努力于斯。"③ 因此，三省人民的反军阀斗争，冲击了孙传芳在江浙的统治基础，为最后推翻孙传芳在江浙的统治，创造了有利条件。

　　其四，浙江人民反军阀的斗争，有力地配合了北伐战争。

　　由于苏、皖、浙三省联合会和全浙公会的推动，1926 年 12 月 11 日，当北伐军东路军第一军第一师、第二十二师到达浙、赣边界，向衢州开进时，浙军第三师师长周凤歧在衢州通电起义，宣布就任国民革命军第二十六军军长一职。东路军得

---

① 《各团体发表时局意见之昨闻》，《申报》1926 年 11 月 16 日。
② 《各团体致三省联合会函》，《申报》1926 年 11 月 18 日。
③ 《两团体对时局宣言》，《申报》1926 年 11 月 22 日。

以占领浙江的战略据点衢州、三溪、严州。与此同时浙江省省长、浙军第一师师长陈仪也与北伐军取得联系，准备于北伐军进攻浙江时宣布起义。江浙人民反抗孙传芳军事暴政的斗争，为北伐战争在浙江取得胜利打下了良好基础。

第六章

结　　语

　　孙传芳是双手沾满人民鲜血的地地道道的军阀，但是历史是复杂的。在 1924 至 1926 年浙江自治运动演进的过程中，孙传芳为了获得江浙绅商的好感和支持，得到充足的军费来源，同时也是为了巩固地盘、抵制其他军事力量的武力"侵入"。在其中扮演了一个支持者的角色。1926 年 1 月 1 日，在孙传芳的支持下，省自治法会议对外公布了《浙江自治法》。1926 年 12 月 14 日，在孙传芳的默许下，浙江自治派成立了浙江省自治政府并制定了《浙江省政府组织大纲》，浙江自治运动达到了高潮。但好景不长，仅仅三天之后，当浙江自治派宣布独立，脱离他的统治时，对他的统治利益构成了威胁，他就露出了军阀狰狞的面目，向自治派挥起了屠刀。事实证明，"省宪自治"或"联省自治"这条道路在近代中国是走不通的。

参考文献

一 档案史料

（1）章伯锋：《北洋军阀》，武汉出版社 1989 年版。

（2）中国第二历史档案馆主编：《中华民国史档案资料汇编》，第一辑至第五辑，江苏古籍出版社 1997 年版。

（3）《浙江省临时议会决议案》。

（4）《浙江省议会民国八年常年会文牍》。

（5）《浙江省议会民国九年常年会文牍》。

（6）《浙江省议会民国十年会议事录》。

（7）《浙江省议会民国十年第一次临时会文牍》。

（8）《浙江省议会民国十年常年会议决案》。

（9）《浙江省议会民国十一年常年会议决案》。

（10）《浙江省议会民国十二年常年会议决案》。

（11）《浙江省宪法会议议事录》。

（12）《浙江省议会民国十三年常年会议决案》。

（13）《浙江省议会民国十四年常年会议决案》。

（14）《浙江省议会民国十五年常年会议决案》。

二　报纸杂志

（1）《申报》1924—1927 年。

（2）《大公报》1924—1927 年。

（3）《大浙江报》1924—1927 年。

（4）《东方杂志》1921—1927 年。

（5）《省宪周报》1921—-1927 年。

（6）《益世报》1920—1927 年。

通过这些报纸杂志，可以详细地反映出浙江省自治运动的运作情形以及浙江省军政当局对自治运动的态度与行为。

三　著作、日记、回忆录等

（1）陈益轩：《浙江制宪史》，《民国北京政府制宪史料二编》，线装书局 2007 年版。

（2）胡春惠：《民初的地方主义与联省自治》，中国社会科学出版社 2001 年版

（3）李剑农：《最近三十年中国政治史》，太平洋书店 1932 年版。

（4）李剑农：《中国近百年政治史（1840—1926）》，武汉大学出版社，2006 年版。

（5）陶士和：《浙江民国史研究通论》，陕西人民出版社 2003 年版。

（6）李达嘉：《民初的联省自治运动》，台北宏文书店 1986 年版。

（7）李国祈：《中国现代化区域研究——闽浙地区的政治现代化（1860—1916 年）》，台北"中央研究院"近代史研究所 1985 年版。

（8）政协浙江省委员会编：《浙江省文史资料》第1—7辑，浙江省人民出版社1962年版。

（9）余绍宋主纂：《（民国）重修浙江通志稿》，浙江图书馆1983年版。

（10）浙江省民国史浙江史研究中心编：《浙江史论丛》中国社会科学出版社2008年版。

（11）孙毓堂：《中国近代工业史资料》第1辑（1840—1895），科学出版社1957年版。

（12）汪敬虞：《中国近代工业史资料》第2辑（1895—1914），科学出版社1957年版。

（13）陈真：《中国近代工业史资料》第1—4辑，生活·读书·新知三联书店1957，1958，1961，1961年版。

（14）政协浙江省文史资料研究委员会编：《浙江文史集粹》共5卷，浙江人民出版社1996年版。

（15）彭明主编：《中国现代史资料选辑》，中国人民大学出版社1987年版。

（16）李新等编：《北伐战争》，上海人民出版社1994年版。

（17）浙江省社会科学院历史研究所编：《浙江人物简志》，浙江人民出版社1984年版。

（18）政协浙江省文史资料研究委员会编：《浙江近现代人物录》，浙江人民出版社1992年版。

（19）茅盾：《一九二七年大革命》，《新华文摘》1981年第1期。

（20）齐耀珊重修、吴庆坻重纂：［民国］《杭州府志》，1948年。上海书店1993年版。

（21）姜卿云编：《浙江新志》，杭州正中书局1936年版。

（22）黄元起：《中国现代史》，河南人民出版社 1982 年版。

（23）桑兵：《清末新知识界的社团与活动》，生活·读书·新知三联书店 1995 年版。

（24）政协浙江文史资料研究委员会编：《新编浙江百年大事记（1840—1949）》，浙江人民出版社 1992 年。

（25）杜恂诚：《民族资本主义与旧中国政府（1840—1937）》，上海社会科学出版社 1991 年版。

（27）章君谷：《吴佩孚传》，团结出版社 1938 年版。

（28）中国社会科学院中国近代史所：《近代史资料》，1954 年第 1 期。

（29）汤志钧编：《章太炎政论选集》，中华书局 1977 年。

（30）第二历史档案馆：《中华民国档案资料汇编》（第 2 辑），上海人民出版社 1982 年版。

（31）中国第二历史档案馆：《蒋介石年谱》，中国档案出版社 1992 年版。

（32）余绍宋：（民国）《重修浙江通志稿》，浙江省图书馆藏。

（33）浙江省政协文史委：《浙江文史资料选辑》，第 1、4、8、9、10、11、12、16、23、24、28 辑。

（34）徐和雍、郑云山、赵世培：《浙江近代史》，浙江人民出版社 1982 年版。

（35）刘厚生：《张謇传记》，上海书店 1985 年版。

（36）［美］帕克斯·M. 小科布尔：《江浙财阀与国民政府》，南京大学出版社 1987 年版。

（37）杨树标：《蒋介石传》，团结出版社 1989 年版。

（38）《民国时期的杭州》，浙江人民出版社 1992 年版。

（39）　［美］费正清主编：《剑桥中华民国史（1912—1949)》，中国社会科学出版社 1994 年版。

（40）龚书铎主编：《中国社会通史》，山西教育出版社1996 年。

（41）曾业英主编：《五十年来的中国近代史研究》，上海书店出版社 2000 年版。

（42）金普森主编：《虞洽卿研究》，宁波出版社 1997年版。

（43）《浙江省电力工业志》，水利电力出版社 1995 年版。

（44）杭州大学历史系：《浙江现代革命史参考资料》（未刊稿）1980 年。

（45）沈晓敏：《处常与求变——清末民初的浙江咨议局和省议会》，生活·读书·新知三联书店 2005 年版。

（46）梁启超：《饮冰室文集》，上海广智书局 1909 年版。

（47）文斐编：《北洋三雄》：中国文史出版社 2012 年版。

（48）邵维国：《孙传芳传》，黑龙江人民出版社 2001年版。

（49）严如平、贺渊：《陈仪全传》人民出版社 2001年版。

（50）章伯锋、荣孟源：《近代稗海》1—7 辑，四川人民出版社 1985 年版。

（51）姜克夫编著：《中华民国史资料丛稿·民国军事史略稿》，中华书局 1987 年版。

（52）杜春和、林斌生、丘权政编：《北洋军阀史料选辑》，中国社会科学出版社 1981 年版。

（53）中国第二历史档案馆编：《北洋军阀统治时期的兵变》，江苏人民出版社 1982 年版。

（54）中国社会科学院近代史研究所中华民国史组编：《中华民国史资料丛稿大事记》，第 11、12 辑，中华书局 1978 年版。

（55）上海政协编：《文史资料选辑》，第 1 辑，上海人民出版社，1979 年版。

（56）陈志凌：《新编第一次国内革命战争史稿》，陕西人民出版社 1981 年版。

（57）胡之信：《北伐战争》，黑龙江人民出版社 1985 年版。

（58）曾宪林、曾成贵、江峡：《北伐战争史》，四川人民出版社 1991 年版。

（59）陶菊隐：《北洋军阀统治时期史话》，生活·读书·新知三联书店 1983 年版。

（60）郭剑林：《一代枭雄吴佩孚大传》，天津大学出版社 1991 年版。

四　论文

（1）丰箫：《1945—1949 年浙江省嘉兴乡镇自治研究》，博士学位论文，复旦大学，2006 年。

（2）陶水木：《浙江省宪自治运动述论》，《杭州大学学报》1994 年第 2 期。

（3）冯筱才：《理想和利益——浙江省宪自治运动新探》，《近代史研究》2001 年第 2 期。

（4）林孝文：《浙江省宪研究》，博士学位论文，西南政法大学 2009 年。

（5）沈筱敏：《也谈浙江省自治运动》，《史学月刊》2003 年第 10 期。

（6）陈美祥：《北伐战争时期的浙江自治运动》，《史学月刊》2003 年第 10 期。

（7）龙秋初：《论北伐时期的浙江战场》，《近代史研究》1988 年第 4 期。

（8）周銮书、廖信春：《北伐战争中的江西战场》，中国人民大学复印报刊资料《中国现代史》1988 年第 2 期。

（9）常城：《略论东北"易帜"与"枪毙杨常"》，中国人民大学复印报刊资料《中国现代史》1982 年第 18 期。

（10）周兴旺：《北伐战争中的浙皖苏战场》，中国人民大学复印报刊资料《中国现代史》1991 年第 1 期。

（11）侯光兰：《试论国共两党在对待孙传芳问题上的合作》，《史学月刊》1992 年第 6 期。

（12）蒋晓钟、刘東翼：《关于北伐战争中的东南战场》，《淮北煤炭师范学报》1992 年第 2 期。

（13）王晓华：《孙传芳在北伐战争中失败原因初探》，《浙江学刊》1988 年第 6 期。

附　　录

一　《浙江省自治法》

《浙江省自治法》共分十七章第一百八十四条。其内容
如下：

第一章　总纲

第一条　规定浙江省为中华民国之一自治省。

第二条　浙江省之区域依其固有之疆界。

第三条　凡有中华民国国籍之人民，继续居住本省二年以
上登录于省户籍者为本省省民。省户籍法另定之。

第四条　省之自治权属于省民全体。依本法规定行使之。

第二章　省民之权利义务

第五条　省民在法律上无种族宗教男女阶级之分，一律
平等。

第六条　省民在法律上皆为权利主体。无论何人，不得以
人身为买卖抵押租借之目的物。无论何人，非依法律不得强迫
人民为夫役。

第七条　省民之身体自由，非依法律不受制限或剥夺。省
民除现行犯外，非持有司法机关之逮捕证不得逮捕。

省民被拘押时，施行拘押处分之机关，最迟须于三小时以内以拘押理由通知本人。

省民被拘押时，本人或第三者均得向法院请求于二十四小时内提至法庭审查理由，法院不得拒绝或延迟。

第八条　省民之私有财产权，非依法律不受限制。

第九条　省民有住居不可侵犯权。

省民住宅，无论平时战时；非经所有人或居住人承诺或依合法程序，不得使用之。

第十条　省民之身体，住宅，文书及其他各种财物，除现行犯或犯罪显有可证明者外，非经本人允许，不受搜索检查。

第十一条　省民有居住及迁移之自由权。

第十二条　省民在不抵触刑法之范围内，有用语言、文字图书，印刷及其他方法自由发表意思之权。不受他种法令之限制。

第十三条　省民在不抵触刑法之范围内，有自由集会结社之权，不受他种法令之制限。

第十四条　省民有营业自由权，但为维持公益，得以法律制限之。

第十五条　省民依法律有诉讼于法院之权。除现役军人外，不受军法机关审判。

第十六条　省民依法律有请愿、诉愿或提起行政诉讼之权。

第十七条　省民依法律有选举及被选举权。

第十八条　省民依法律有任各项公职之权。

第十九条　省民依法律有置备武器之权。

第二十条　省民依法律有纳税之义务。

第二十一条　省民有捍卫国难警卫地方之义务。

第二十二条　省民有从事相当职业之义务。

第二十三条　省民依法律有使其子女受教育之权。

第二十四条　省民依法律有为证人，鉴定人之义务。

第二十五条　本章规定，凡中华民国人民居住或营业本省境内者得适用之。

第三章　省民生之生计

第二十六条　人民生计以均等为原则，于不妨碍社会秩序之范围内，得有生计上之自由。

第二十七条　劳动者依法律特别保护之。劳工保护法另定之。

第二十八条　凡具有生计能力，因社会经济状况不能维持其生活者，或生计能力不足及因天灾事故减损其生活能力者，由省政府援助并监督之。援助及监督之法则，以省法律定之。

第二十九条　通财契约之利率，依省法律之规定。

第三十条　凡不以劳力资本而得之利益，依省法律之规定，对于社会负特定之义务。前项利益，凡受人赠予或继承遗产均属之。

第三十一条　大生产事业或天然富源及其他企业之属于独占性质者，省政府得依法律为相当之裁制或征收之。前项征收，须有相当之代价，其代价有争议时，准所有人诉诸法院。省内天然富源无论公有或私有不得抵押或让与无中华民国国籍者。

第三十二条　私有土地荒废不经营者，省政府得依法律利用之。

第三十三条　劳动团体及其他职业团体得选出代表，组织全省生计会议，或全县生计会议，其组织法另定之。

第三十四条　生计会议之职权如左：

一、建议于省县官厅及应省县官厅之谘询；

二、提法案于省县议会，并得派代表出席说明；

三、省县官厅提出有关生计之法律案于省县议会时，有先期参与讨论之权。

第三十五条　精神劳动之出版权、发明权、美术权，省政府认为有公共利益者，应特别保护。其保护法另定之。

第三十六条　创作物品并设厂营业者，省政府得依省法律于一定年限内补助之。凡提倡实业有利生计者，适用前项之规定。

第三十七条　凡有关公共生计之土地、河流、森林、堤防、仓库之管理、扩张、新建，为私人或地方财力所不及者，应由省政府负维护资助之责任。

第三十八条　金融贸易等重要机关，省政府依法律提倡并监督之。

第三十九条　省政府对于产业协作事项，应提倡保护之。关于各种协作之法律另定之。

第四章　省之事权

第四十条　左列各项，省有议决及执行之权：

一，省以下之地方制度及各级地方自治之指导；

二、省官制官规；

三、省户籍法及登记法；

四、关于各种团体之组织法规；

五、制定省税，募集省公债，及订结省政府负担之契约；

六、设立省银行并监督本省境内各银行发行纸币事项；

七、省公产及营造物之保管及处分；

八、关于省民生计及民食统计事项；

九、省教育事业及与教育连带事项；

十、本省公企业之保护及发展；

十一、各种公共实业及关于实业之法规；

十二、关于省交通之建设变更及管理；

十三、省以内之土地整理事项；

十四、关于全省水利之修浚及其他土木行政事项。

十五、关于农林渔盐之发展及保护事项。

十六、关于义务民兵事项；

十七、警察行政及关于公安事项；

十八、卫生救恤及公益事业。

第四十一条　除前条列举外，其他关于省以内之事项，在不抵触国法之范围内，得由省制定法规并执行之。

第四十二条　属于国家立法事项而国家法律未经规定者，得由省规定暂行法。国家法律已规定而尚未施行者，得以省法定期施行。

第四十三条　国家立法事项，其施行法有不适用于本省者，得以省法变更其施行之程序。

第四十四条　国政府所定法律或对外缔约有损及本省之权利或加重负担，未经本省之同意者，得为适法之抗议。

第四十五条　国家之军事行动及设备有涉及本省之利害者，应先取得本省之同意。

第四十六条　省职权范围内之事项，有须与他省协议或联合动作者，得与他省协议行之。

第四十七条　省政府得受国政府之委托，执行国家行政事务，其费用由国家负担之。

第四十八条　省政府得以省政之一部分委托于下级自治团体使执行之。其费用由省政府负担之。

第四十九条　遇有非常事变，得依法律宣告戒严。

第五章　立法

第五十条　省立法权以省议会行之。

第五十一条　法律案由省议会议员、省长，或各法定团体提出之。

第五十二条　提案者除省议会议员外，得派员出席说明；但不得加入表决。

第五十三条　省议会之议决案，自送达之日起，省长须于十日内公布之。

第五十四条　前条议决案，省长认为应交复议时，须于公布期内附以理由咨交复议。如省议会有出席议员三分二以上仍执前议时，省长应即公布之。

未交省议会复议之议决案，逾公布期限而未公布者，即成为法律。

议决案之送达，在省议会闭会或解散期间，如省长认为应交复议时，须于公布期内通知省议会，如不通知，即适用本条第二项之规定。

第五十五条　有十分一以上之县，每县选民一千人以上之连署，得提出法律案于省议会，请其议决。省议会对于所提全案不同意时，应由省长交付全省县议会特别市议会投票表决。如得半数以上可决时，由省长公布之。

第六章　省议会

第五十六条　省议会以全省选民直接选出之议员组织之。

第五十七条　省议会议员每县选出二人，合并县加选二人，特别市选出一人，并同时选出同数之候补人。

第五十八条　省民年满二十岁，除有左列各款之一者，均有选举权：

一、不识文字者；

二、有精神病者；

三、剥夺公权尚未恢复者；

四、无职业者。

第五十九条　有选举权之省民，年满二十五岁，除有左列各款之一者，均得被选为省议会议员：

一、现役军人；

二、现任官吏；

三、在校未毕业学生。

第六十条　省议会议员任期三年。

第六十一条　省议会最高委员会，委员十一人，由议员互选之，其组织及权限，于省议会法定之。

第六十二条　省议会每年开常会一次，于三月一日自行集会，会期三个月；但遇必要时得延长一个月。

第六十三条　省议会议员三分一以上提议或省长认为必要时，得召集临时会；但会期不得超过常会。

第六十四条　省议会除本法各条所规定外，有左列之职权：

一、议会关于本法第四十条至第四十三条之法律及其处分事项；

二、议决省预算及决算；

三、对于行政事项有疑义时，得向省长或省务院提出质问，并得要求省长或省务员出席答复；

四、对于监察员认为有违法行为时，省议会议员五分一以上得提出弹劾案，经出席议员三分二以上之可决，交特别法庭审理之。审理结果如确有违法行为，应即宣告免职；

特别法庭组织法另定之；

五、对于省务员得为不信任之决议；

六、对于本省其他各项官吏得咨请查办；

七、关于国家行政事件得建议于国会；

八、答复省长谘询事件；

九、解决下级自治争议；

十、议决本省戒严，解严事项；

十一、议决省法第四十四条及第四十五条同意事件；

十二、其他依法律属省议会事件；

第六十五条　省议会议员在会内之议论及表决，对于会外不负责任。

第六十六条　省议会议员在开会期内，除现行犯外，非经议会许可，不得逮捕。前项现行犯被捕时，执行逮捕机关，应于六小时内，将逮捕理由通告省议会。

第六十七条　省议会议员支给川费及出席费之数目，于省议会法定之。

第六十八条　省议会议员不得兼任官吏及国会议员与其他地方议会议员。

第六十九条　省议会与省务院对于政见有重大之争执时，须各将其理由明白宣布，付全省选民总投票公决之。前项公决后，省议会或省务院之一方被过半数否决时，应即自行解散或全体退职。

第七十条省　议会解散后，省务院应于两个月内举行省议会议员之新选举。

第七十一条　各县选民对于该县所选出之省议会议员不信任时，得由该县选民十分之一以上之提议，经全县选民总投票过半数可决撤回之。

第七十二条　省议会法及省议会议员选举法另定之。

第七章　省长及省务院

第七十三条　省长为全省最高之行政长官，以省务员之赞襄执行省政务。

第七十四条　省长由全省选民分区组织选举会选举之，以得票多数者当选。前项选举法另定之。

第七十五条　本省选民年满四十岁，除现役军人外，得被选为省长。

第七十六条　省长对外代表全省。

第七十七条　省长因公布及执行法律案有发布命令之权。

第七十八条　省长依法律有任免省行政官吏及奖励惩戒之权。

第七十九条　省长于省议会闭会期内，如遇非常事变有紧急之必要时，得为戒严之宣告。但须于下届省议会开会时咨请追认，省议会解散或改选时亦同。

第八十条　省长发布命令，除任免省务院长外，非经省务院长及主管省务员之副署，不生效力，其他文书之发布亦同。

第八十一条　省长任期三年，连举得连任；但以一次为限。

第八十二条　省长任满前六个月，须举行次任省长之选举。

第八十三条　省长出缺或因事故不能执行职务时，由省务院长兼代之，其期间以次任省长就职之日或省长再行视事之日为止。

省长出缺或退职，应于两个月内依省长选举法选举次任省长。

第八十四条　省长任满解职，次任省长如未选出或选出尚未就职时，选用前条第一项之规定。

第八十五条　省务院以省务院长及各司司长组织之，省务陆军长及各司司长均为省务员。省务陆军长由省长提交省议会同意后任命之，但省议会接受咨文逾十日未议决时，省长得先行委署。

各司司长经省务院长之推荐，由省长任命之。

省务院长得兼任司长。

第八十六条　省务院长如于省议会闭会期内缺位或因事故不能执行职务时，由省长任命其他省务员代理之；但同时须召集省议会咨请同意。

第八十七条　省务院设省务会议，以省务院长为主席，议决施政方针及一切政务，并各司权限争议事件。

省务会议非有省务员过半数之出席不得开议，非有出席员过半数之同意不得议决。其会议之程序，于省务院法定之。

第八十八条　省务院议决之省行政事务，以省长名义执行之。

第八十九条　省务员对于省议会方案得出席发言，但不得加入表决。

第九十条省　务院对于人民之请求有答复之义务。

第九十一条　省务员全体或一员受省议会通过不信任案时，应即辞职。

第九十二条　省务院法另定之。

第八章　法院

第九十三条　法院为司法机关，受理民事诉讼、刑事诉讼、行政诉讼，及其他一切诉讼事件；但本法有特别规定者不在此限。

第九十四条　法院用四级三审制。

依法，终审重大案件，得送国政府大理院审理。

第九十五条　省设省法院，地方法院，初级法院。

第九十六条　省法院长由全省选民分区组织选举会选举之。

前项选举法另定之。

第九十七条　本省选民年满三十五岁有法律学识及经验者，得被选为省法院长。

第九十八条　省法院长任期四年，连举得连任；但只一次为限。

第九十九条　省法院长缺位或因事故不能执行职务时，由省法院资深之庭长代理之。省法院长缺位时，须于两个月内依省法院长选举法选举次任省法院长。

第一百条　法院之审判公开之；但认为妨害公安或有关风化者，得秘密之。

第一百一条　法官独立审判，无论何人，不得干涉。

第一百二条　法官在任中，非依法律不得减俸，停职，或转职；非受刑罚宣告或惩戒处分，不得免职。但改定法院编制及法官资格时，不在此限。

法官惩戒法另定之。

第一百三条　法院设陪审员。

陪审员额及资格暨陪审方法，另以省法律定之。

第一百四条　司法区域之划分，法院之编制，省法院长以下法官之作用及法官之俸给，以省法律定之。

第九章　监察院

第一百五条　监察院设监察员十一人，由全省选民分区选举之，并同时选出同数之候补人。前项监察员每旧府属各一人。

第一百六条　监察员任期四年，不得连任。

第一百七条　本省公民年满三十五岁，有学识经验有声望素著者，得被选为监察员。

第一百八条　监察员不得兼任及转任他项公职。

第一百九条　监察院之职责如左：

一、对于省长，省法院长，省务院长认为有违法行为时，经监察员总额四分三之同意，得提出弹劾案，由特别法庭审理之。审理结果如确有违法行为，应即宣告免职。特别法庭之组织法，适用本法第六十四条第四款之规定。

二、对于省务员，审计员认为有违法行为时，经监察员总额三分一之同意，得适用前款之规定。

三、对于省议会议员认为有违法行为时，经监察员总额三分一之同意，得胪举事实，交原选举区选民总投票过半数可决撤回之。

四、对于不法之行政，司法官吏及公吏，得胪举事实，咨请主管机关查办之，并得同时咨请先行停职。

五、举发各项选举及官吏考试之舞弊情事。

六、陈述民间疾苦并筹议救济方法。

七、向省长建议关系省政应兴与应革事宜。

八、答复省长谘询事件。

九、其他依法律属于监察院事件。

第一百十条　各选举区对于该区所选出之监察员不信任时，得由该区选民百分之一以上之提议，该区选民总投票过半数可决撤回之。

第一百十一条　监察院法及监察员选举法另定之。

第十章　审计院

第一百十二条　审计院审计员十一人，每旧府属各一人，由省议会选举之，并同时选出同数之候补人。

第一百十三条　审计院设主任一人，由审计员互选之。

第一百十四条　省民年满三十五岁，有财政学识及经验者，得被选为审计员。

第一百十五条　审计员不得兼任他项公职。

第一百十六条　审计员任期四年。

第一百十七条　各机关缴纳款项于省库时，应具报告书于审计院。

第一百十八条　各机关之领款书据，非经审计院之签印不得支付。

第一百十九条　各机关支出款项，审计院核与预算案或临时支出之原案不符时，得拒绝签印。

第一百二十条　各机关之收支簿据，审计院得随时检查之。

第一百二十一条　审计院对于全省各机关收支簿据及报告程式有厘定划一之权，此项厘定划一办法，由审计院咨请省长行之。

第一百二十二条　审计员关于决算案得出席于省议会发言。

第一百二十三条　审计院法及审计员选举法另定之。

第十一章　财政

第一百二十四条　除关税、盐税、印花税、烟酒税外，其他各种赋税均为省税，省务院依法律之规定征收之。

第一百二十五条　募集省公债及增加省库负担之契约，非经省议会议决，不得募集或缔结。

第一百二十六条　增添新税或变更税率非经省议会议决不得施行。

第一百二十七条　省置省库，管理省之收支。省库组织法另定之。

第一百二十八条　省务院须编制次年度预算案，于省议会每年常会开会后五日内交省议会议决。以省款经营之事项，非本年度所能完竣，或其费用非一年所能筹备，或因契约关系其负担不止一年者，得预定年限设继续费。预算案得分类设置预备费，预备费之动用须经审计院之审核，但已经省议会否决之用途，不得以预备费支出之。省务院得追加预算案，但至迟不得至省议会开会十日之后。

第一百二十九条　省教育经费，每年至少须占全省预算案岁出总额百分之二十五。

第一百三十条　省实业经费，每年至少须占全省预算案岁出总额百分之十。

第一百三十一条　每年须提出本省收入总额百分之二为荒政准备金，其保管及动用方法，以省法律定之。

第一百三十二条　省议会对于预算案得修正之。

第一百三十三条　预算案经省议会议决后，关于已经确定之款项，不得变更或移作别用。

第一百三十四条　会计年度以每年七月一日起，至次年六月三十日为止。

第一百三十五条　省务院须于会计年度终了后编制前年度之决算，经审计院审定，提交省议会议决之。

第一百三十六条　会计年度开始预算案未成立时，省务院应依前年度之预算按月支给之。

第一百三十七条　省之财政公开之。省之财政状况，应由省务院按月公告。

第一百三十八条　省税与县税之划分，由省议会议决之。

第十二章　教育

第一百三十九条　省民自满七岁至十四岁，应受省法规定之义务教育。前项义务教育年限，至少定为四年。

第一百四十条　省政府督促各级自治团体应就地募集经费办理义务教育，其经费有不足时，由省政府补助之。

第一百四十一条　省教育经费，至少每年应留出十分之三，为补助全省义务教育经费之用。

第一百四十二条　补助教育，社会教育及其他教育事业之经费，应以省款补助者，另以省法律定之。

第一百四十三条　小学教员之年功加薪，养老金，恤金及其他优待方法，另以省法律定之。

第一百四十四条　凡属教育之款项或产业，不得移作别用。

第一百四十五条　本省境内各学校应遵守本省教育法规。

第十三章　县

第一百四十六条　县为自治团体，并为省之地方行政区域。县之设置或变更，经有关系地方公民过半数之陈请，由省议会议决之。

第一百四十七条　在不抵触省法范围内，县有左列之事权：

一、县教育及与教育连带事项；

二、县实业及公共营业；

三、县道路、水利及其他土木工程事项；

四、县警察、卫生及各种公共慈善事项；

五、县以内人民生计及民食统计事项；

六、县公产及营造物之管理及处分；

七、县古迹及古物之保存；

八、其他依法律属于县自治处理事项。

第一百四十八条　县得制定县税并他种公共收入。

一、县固有之各项捐税仍为县税。

二、前两项之征收方法，由县制定之。

第一百四十九条　县之收入，省政府不得提用。

第一百五十条　凡不属人民私有之荒地，均归县有；但因事实之必要，得以县议会之议决让与省或市、乡、村。

第一百五十一条　县税如有不足时，经县议会之议决，得募集县公债，其用途以生产投资及灾荒救济为限。

第一百五十二条　县之预算，决算，每年须详细公布之。

第一百五十三条　县设县议会，由全县选民直接选出之议员组织之，其组织法及选举法另定之。

第一百五十四条　县议会议员任期三年。

第一百五十五条　县议会有议决本法第一百四十七条及第一百四十八条之法律及其处分事项权。

第一百五十六条　县议会对于县自治委员会执行政务认为有疑义时，得提出质问。

第一百五十七条　县议会对于县自治委员认为有违法行为时，得提出弹劾案，付全县人民投票过半数可决时，被弹劾之县自治委员应即解职。

第一百五十八条　县设县自治委员会，由全县选民直接选举委员五人组织之，其组织法及选举法另定之。

第一百五十九条　县自治委员任期三年。

第一百六十条县　自治委员会之职权如左：

一、执行县之自治行政；

二、指导市、乡、村之自治；

三、执行国家及省之委托事务。

　　第一百六十一条　　县自治委员会有提出方案于县议会及公布议决案之权。

　　第一百六十二条　　县议会与自治委员会如有重要争执时，得各将理由明白宣示，付全县选民总投票表决；如县议会或自治委员会提出之意见被过半否决时，应即自行解散。

　　第一百六十三条　　县议会解散后，县自治委员会应于一个月内执行县议会议员之选举。县自治委员会解散后，由县议会选举临时自治委员代理其职务，并执行次任县自治委员之选举；但临时自治委员之任期，至多不得过两个月。

　　第一百六十四条　　县民有直接提出方案于县议会之权。

　　第一百六十五条　　各选举区对于该区所选出之县议会议员不信任时，得由原选举区选民十分一以上之提议，经该区选民总投票过半数可决撤回之。

　　第一百六十六条　　县议会对于县自治事务，有二县以上共同关系者，得联合会议之。

　　第十四章　特别市

　　第一百六十七条　　商工荟萃之区，人口满十五万者，为特别市。

　　第一百六十八条　　特别市为自治团体。

　　第一百六十九条　　特别市之成立及其区域之分合变更，由市民三千人以上之陈请，经省议会议决定之。

　　第一百七十条　　在不抵触省法范围内，特别市有左列之事权：

　　一、市教育及与教育连带事项；

　　二、市道路、沟渠及其他土木工程事项；

　　三、市电灯、煤气灯、自来水、电车及其他公共营业；

　　四、市警察、保卫团、卫生、医院及各种公益慈善事项；

五、市以内人民生计及民食统计事项；

六、市公产及营造物之管理及处分；

七、省法律赋予或省政府委托之事项。

第一百七十一条　特别市除固有各种捐税外，得制定左列各种市税及其他公共收入，但不得与省法相抵触：

一、房捐；

二、地价增加税；

三、奢侈品税；

四、娱乐场税；

五、消耗品税；

六、附于省税之附加税；

七、其他捐税经全市选民总投票过半数之可决者。

第一百七十二条　特别市设特别市议会及执行机关。其组织由全市选民公决之，但须受省政府之认可。

第一百七十三条　特别市经市议会之议决，得募集市公债。

第一百七十四条　特别市之选民，对于市之立法事项有直接提案权及复决权。

第一百七十五条　特别市之预算、决算，每年须详细公布之。

第十五章　市乡村

第一百七十六条　县治所在地或商工荟萃之区人口满一万以上者为市，其余为乡或村，均为自治团体，村之设置，须全村选民过半数之要求，由县议会决定之。

第一百七十七条　市、乡、村区域之分合变更，由县议会决定之。

第一百七十八条　市乡村之组织法另定之。

第一百七十九条　市、乡、村为自卫计，得组织保卫团，其规则以省法律定之。

第一百八十条　市、乡、村为协谋公益计，得组织各种公共组合，其规则由组合之团体共同议决之。

第一百八十一条　市、乡、村之预算，每年须详细公布之。

第十六章　本法之解释及修正

第一百八十二条　本法发生疑义时，由省议会、省法院各选三人合议解释之。

第一百八十三条　省议会因人民之请求或议员发议，经议会过半数之可决，得为修正本法之提案，交由全省选民总投票表决之。

第十七章　附则

第一百八十四条　本法自宣布日施行。

二　《浙江省自治法施行法》

第一条　中华民国宪法施行后，如省自治法各条有与国宪抵触者，应依国宪之规定。

第二条　中华民国现行法律及基于法律之命令，与省自治法不相抵触者，仍适用于本省。

第三条　省自治法施行后，第一届省议会议员之任期，自当选后第一次开常会之日起到第二届省议会议员第一次开常会之前一日止。但省议会被解散时不在此限。关于省自治法第六十二条之规定，第一届省议会议员之集会，不限于三月一日。

第四条　全省初级法院应于省自治法施行之日起五年以内一律成立，其未成立各县暂设司法公署，其组织以省法律定之。

　　第五条　省自治法第一百五十八条之规定，由省长就各县情况拟定分年办法，咨请省议会议决之；但至迟不得过五年。在县自治委员会未成立前，由省长委任知事一人执行省行政及国家行政，并以县参事会之襄赞，办理县自治行政。前项参事会组织及选举，另以省法律定之。

　　第六条　省自治法第一百五十七条之规定，在县自治委员会未成立前，县知事有违法行为时，县议会得提出弹劾案，弹劾案成立，呈请省政府处分之。县议会对于所选出之县参事会参事不信任时，得由县议会议员总额三分之一以上之提议，经议员总额三分之二以上之可决撤回之。

　　第七条　省自治法第一百六十二条之规定，在县自治委员会未成立前，县议会与县参事会如有重要争执时，得各将理由陈请省长决定之。

　　第八条　关于省自治法十八条之规定，省长任命全省官吏，不限于本省省民。

　　第九条　特别市成立，其原有之捐税，财产如何划分，应由县议会与特别市议会协议定之。

　　第十条　施行省自治法所必需之法律，除已经制定颁行者外，其余于省自治法施行后，由省议会制定之。

　　第十一条　省自治法宣布后，设浙江省自治筹备处，筹备施行。浙江省自治筹备处之组织，另定之。

　　第十二条　左列各法，由省长分别公布执行之：

　　一、浙江省市、乡、村自治法；

　　二、浙江省县议会法；

　　三、浙江省县议会议员选举法；

　　四、浙江省县参事会法；

　　五、浙江省省议会法；

六、浙江省议会议员选举法；

七、浙江省审计院法；

八、浙江省审计院审计员选举法；

九、浙江省省库组织法；

十、浙江省监察院法；

十一、浙江省县自治委员会法；

十二、浙江省县自治委员会委员选举法；

十三、浙江省省长公署组织法；

十四、浙江省省务院法；

十五、浙江省特别法庭组织法；

十六、浙江省监察院监察员选举法；

十七、浙江省省长选举法；

十八、浙江省法院编制法；

十九、浙江省省法院长选举法；

二十、浙江省生计会议组织法；

二十一、浙江省户籍法。

第十三条本法与省自治法同时施行。

摘自《浙江省自治法》《东方杂志》第二十三卷，第二号，第133—138页。

三　《浙自治施行法之修正》

"浙江省自治法施行法，现由审查会修正如此，第一条，中华民国宪法未施行以前，应属于国之事权，由本省议决执行之。第二条，省法律未公布以前，中华民国现行法律及基于法律之命令，与本自治法不相抵触者，仍适用于本省。第三条，中华民国宪法施行后，本自治法各条有与国宪抵触者，应依国宪之规定。第四条，国军为国防之必要，驻扎本省时，须会同省长划定地点。第五条，中央正式政府未成立以前，在本省征收之关税、盐税、烟酒税、印花税，留充国军军饷。第六条，各选举区选民未调查明确以前，自治法第七十四条第九十六条第一百零五条之选举，由各该区县议会议员联合选举之。第七条，自治法施行后，第一届省议会议员之任期，自被选举第一次开常会之日起，至第二届省议会议员第一次开常会之前一日为止，但省议会被解散时，不在此限。第八条，关于自治法第六十二条之规定，第一届省议会议员之集会，不限于三月一日。第九条，全省户口未调查明确以前，自治法各条所规定全省选民总投票，暂以全省县议会、特别市议会及市乡村议会议员投票代之，全省户口于自治法施行后，限两年内调查完竣。第十条，全省初审法院应于自治法施行之日起，三年以内，一律成立，未成立以前，暂于未成立各县设司法公署，其组织依省法律定之。第十一条，属于省收入之赋税，未经省议会议决修正废止以前，所有税率及征收方法，均仍其旧，但有补合租税原则者，应于三年内以次修正。第十二条，本法第一百五十八条之规定，由省长就各县情况，拟定分年办法，咨请省议会议决之，但至迟不得过五年，在县自治委员会未成立前，由省长委托执事一人，执行省之省行政及国家行政，并指导参事会，办理县自治行政，前项参事会之组织及选举，另以省法律定之。第十三条，省自治法第一百五十七条之规定，在现自治委员会未成立以前，县执事有违法行为时，县议会得提出弹劾案，弹劾案成立，呈请省政府处分之，县议会对于所选出之县参事会参事不信任时，得由县议会议员总额三分之一以上之提议，经议员总额三分之二以上之可决撤回之。第十四条，省自治法第一百六十二条之规定，在县自治委员会未成立以前，县议会与参事会如有重要争执时，得各将理由，陈请省议会决定。第十五条，关于自治法十八条之规定省长任命全省官吏，不限制于本省省民。第十六条，特别市未成立以前，自治法及本法团于特别市之规定，暂缓施行。第十七条，特别市离县而独立时，其原有之捐税财产，如何划分，应由县议会与特别市议会协议定之。第十八条，施行自治法所必须之法律，除已经制定颁行外，其余于自治法施行后，由第一届省议会开会时制定之。第十九条，自治法宣布后，为筹备施行，设自治筹备处执行之，自治筹备处之组织，另定之。第二十条，左列各法，由省长分别公布执行之。（一）浙江省市乡村自治法。（二）浙江县议会法。（三）浙江省县议会议员选举法。（四）浙江省县参事会暂行法。（五）浙江省省议会法。（六）浙江省议会议员选举法。（七）浙江省审计院法。（八）浙江省审计院审计员选举法。（九）浙江省省库组织法。（十）浙江省监察院法。（十一）浙江省监察员选举法。（十二）浙江省自治委员会法。（十三）浙江省自治委员会委员选举法。（十四）浙江省省长选举法。（十五）浙江省省长公署法。（十六）浙江省省务院法。（十七）浙江省省法院院长选举法。（十八）浙江省特别法庭组织法。（第二十条）本法与自治法同时施行。

摘自于《浙自治施行法之修正》《申报》1925 年 12 月 27 日。